Julia Heilmann
und Thomas Lindemann

Alle Eltern können schlafen lernen

Erziehungsweisheiten auf den Kopf gestellt

Atlantik

Atlantik Bücher erscheinen im
Hoffmann und Campe Verlag, Hamburg

1. Auflage 2014

www.hoca.de
Satz: Pinkuin Satz und Datentechnik, Berlin
Gesetzt aus der Adobe Caslon
Druck und Bindung: GGP Media GmbH, Pößneck
Printed in Germany
ISBN 978-3-455-70001-5

HOFFMANN
UND CAMPE

Ein Unternehmen der
GANSKE VERLAGSGRUPPE

Inhalt

Vorwort *Julia und Thomas*

Zwei Gruppen von Menschen werden sehr früh und sehr laut geweckt, um sich in den täglichen Kampf zu begeben: Soldaten – und Eltern. In unserer Familie herrscht am Morgen am Frühstückstisch Kampfgetümmel.

Heute haben wir einen Rekord aufgestellt. Es ist gerade mal 6:15 Uhr, und Quinn und Leo, fünf und sieben Jahre alt, streiten sich schon um den roten Kinderstuhl. Leider haben wir in unbedarfteren Zeiten mal einen roten und einen in Birke gekauft und es später bereut. Denn manchmal finden die Jungs den roten attraktiver, manchmal den naturfarbenen. Heute ist also wieder Krieg um den roten angesagt. »Wenn du mich nicht rauflässt, mach ich deine Sachen kaputt«, ruft der Kleine. Der Große hält sich die Ohren zu und skandiert: »La Lala La La La Lalalala Lalala Laaa Dideldideldidel Lalala.« Das ist eine gut funktionierende kindliche Kulturtechnik, um unangenehme Botschaften durch schlichtes Übertönen zunichtezumachen. Unsere Jungs wenden sie gefühlte zehn Mal am Tag an. Manchmal endet das Ganze in einem großartigen Crescendo, in dem beide gemeinsam plärren. Uns Eltern bleibt dann nur noch die undankbare Rolle des »Ich-kann-aber-noch-lauter«-Brüllers. An diesem Morgen übernimmt sie Thomas: Er schreit etwas Unverständliches, das irgendwie das Wort »Schluss« zu enthalten scheint, und schlägt mit der Faust auf den Tisch. Ich schließe das Küchenfenster.

Plötzlich fällt den Kindern etwas anderes ein: »Hunger! Ich hab Hunger!«, ruft Quinn. »Ich auch! Aber ich will als Erster!«, ruft Leo.

Unsere Söhne wollen sich ihr Müsli selbst auftun. Sollen sie. Die Selbständigkeit der Kinder ist zu fördern. Das denke ich vor allem, seit mir eine gute Freundin erzählt hat, ihr sechzehnjähriger Sohn rufe sie noch heute auf der Arbeit an, um zu fragen, was er essen solle (er steht dabei mit dem Handy vor dem offenen Kühlschrank!).

Es raschelt und rieselt. Wie immer schütten sich Leo und Quinn zu viel in die Schalen. Sie gießen Unmengen von Milch nach, essen dann genau drei Löffel und lassen den Rest stehen. Ungezählte Male habe ich sie schon dazu angehalten, den Teller nicht so voll zu machen, lieber noch einmal nachzunehmen, wenn sie hungrig sind. Sogar kleinere Schüsseln habe ich ihnen hingestellt und dachte, das sei ein super Trick. Dass es dennoch nicht klappt, dass die Dinkelflocken, Cornflakes und Rosinen sich wieder über den Rand ergießen und auf den Boden zu den Sushi-Reisresten vom Vortag fallen, kränkt mich. In meiner Wut sage ich: »Esst eure Teller leer. Woanders auf der Welt hungern die Kinder. Die würden sich über euer Müsli freuen.«

Sofort wünsche ich mir, ich hätte meinen Mund gehalten. Dass mein Mann im Vorbeigehen, auf einer Marmeladensemmel kauend, knurrt: »Ach, jetzt kommt die Afrika-Keule!«, macht die Sache nicht besser. Ich habe den ältesten und dümmsten Hut der Erziehungsgeschichte gezogen und jetzt ein schlechtes Gewissen. Keiner muss aus irgendeinem Schuldkomplex heraus den Teller leer essen. Die Jungs gucken mich fragend an. Es sieht nicht so aus, als ob die Botschaft angekommen ist. Sie laufen ins Kinderzimmer und hinterlassen dabei eine Spur klebriger Flocken, die aus ihren Schlafanzügen fallen.

Für uns ist dieses denkwürdige Ereignis Grund, einmal innezuhalten. Woher kommen eigentlich diese seltsamen Erziehungssprüche und Glaubenssätze, in die wir Eltern uns flüchten, wenn es schwierig wird? Und schwierig wird es doch immer? Sätze wie: »So spricht man nicht mit seinem Vater«, »Was auf den Tisch kommt, wird gegessen«, »So was macht man nicht«, »Dann geh halt in eine andere Familie, wenn es dir nicht passt«, »Gleich setzt es was …«

All diese verbalen Ziegelsteine, mit denen wir teilweise erzogen wurden und die in uns noch weiterwirken. Dabei sind sie oft sinnlos. Das Argument »In Afrika hungern die Kinder!« an unserem Frühstückstisch ist schließlich nur ein arg hilfloser Versuch, meine eigene Wut in ein allgemeines Moralisieren umzumünzen und meinem Wort dadurch mehr Gewicht zu verschaffen. Was selbstverständlich nicht funktioniert und mich stinksauer macht. Nicht wegen der Kinder, sondern meinetwegen. Ich muss mir eingestehen, dass ich es gerade nicht im Griff habe. Ich bin mal wieder an einen Punkt gekommen, an dem es argumentativ dünn für mich wird. Und das noch vor sieben Uhr.

Eigentlich sollen uns Regeln und Grundsätze Klarheit in Handlungsbereichen geben, in denen wir unsicher sind. Und es gibt kaum einen, in dem wir so unsicher sind, wie im Umgang mit unseren Kindern. Doch die Erziehungsweisheiten, von denen wir hier sprechen, sind fragwürdige Formeln, die das Nachdenken ersetzen. Wir haben guten Grund, sie zu bezweifeln. Zu Zeiten unserer Großeltern war noch klar, dass Kinder den strengen Anweisungen ihrer Eltern Folge zu leisten haben. Auch in vielen Familien, in denen das nicht mit Gewalt durchgesetzt wurde, war der Vater ein Patriarch und die Mutter eine Eiskönigin. Vor ungefähr dreißig Jahren galt dann plötzlich das Gegenteil. Der Satz »Wir sind wie Freunde« bestimmte in zahlreichen Familien das Verhältnis von Eltern und Kindern. Heute weiß keiner mehr, was gilt.

Ein Freund, dessen Frau schwanger ist, sagte neulich den bemerkenswerten Satz: »Also, ich will schon, dass mein Kind mir später gehorcht.« Das entspricht in etwa dem, was uns als Dreifacheltern das gesellschaftliche Umfeld signalisiert: »Ihr Eltern von heute diskutiert einfach zu viel mit euren Kindern!« Oder: »Das hätte es bei uns früher nicht gegeben!«

Oft ernten wir genervte, entsetzte oder amüsierte Blicke, wenn wir auf offener Straße unsere Kinder mit einer Mischung aus Wut und Angst anschreien, weil sie beim Überqueren der Straße nicht geguckt haben, oder wenn sie sich mit hochrotem Kopf auf den Boden des Supermarktes werfen, weil wir nicht bereit sind, die Pops mit der Actionfigur zu kaufen.

Beim Elternabend in der Kita erklärt uns eine Polizistin, wie sich die Kinder gegenüber Fremden verhalten sollen, wenn sie belästigt werden. Sie sollen laut rufen, dass man sie in Ruhe lassen möge. Eine Mutter gibt zu bedenken, dass sie diese Situation tagtäglich mit ihrem Jüngsten auf der Straße erlebe. Wie soll sie sich als Mutter denn da in der Öffentlichkeit vor Missverständnissen schützen?

Thomas und ich halten uns für moderne Eltern und verfallen dennoch gelegentlich in ein pädagogisches Denken, das wir eigentlich rückständig finden. Eltern müssen sich permanent neu erfinden. Ohrfeigen und der berüchtigte »Klaps« auf den Po sind out. Wir sind heute bereit, uns in unsere Kinder hineinzuversetzen, Widerspruch zuzulassen. Das hat zur Folge, dass die Kleinen keine Angst vor körperlicher Züchtigung haben müssen, dass sie sich ernst genommen fühlen dürfen. Aber auch, dass sie uns manchmal nicht zuhören oder gar argumentativ überlegen sind. Leo mit seinen sieben Jahren kann inzwischen hervorragend unseren Tonfall nachahmen. Wenn wir ihn ermahnen, sein Zimmer aufzuräumen, dann kann es sein, dass er die Arme vor der Brust verschränkt und sagt: »Ja, sooo schon gar nicht.«

Über all dem Suchen nach einer klaren Erziehungslinie jenseits von Strenge oder Strafen scheinen wir Eltern manchmal, siehe oben, uneindeutig zu kommunizieren. Wie oft lavieren wir uns mit haltlosen Ermahnungen durch den Alltag mit unseren Kindern. Eine Freundin formulierte es so: »Wir wollen nicht mehr autoritär sein, aber trotzdem sollen die Kinder machen, was wir sagen.«

Ein eindeutiges Ja oder Nein erfordert eben auch eine klare Haltung zu den Dingen. Wenn wir nicht wissen, ob wir etwas erlauben wollen oder nicht und warum, dann flüchten wir uns in leere Phrasen. Dann antworten wir auf die Frage »Kann ich Gummibärchen?« nicht mit ja oder nein, sondern: »Aber du hattest doch heute schon so viele.« Für Leo ist das Anlass, in ein nervtötendes Aber-ich-hab-doch-erst-und-überhaupt-Genörgel zu verfallen. Und schon sind wir mitten in einer Diskussion, die wir gar nicht führen wollten. »Zucker ist nicht gesund für dich« interessiert niemanden. Einfach nur »Nein« ist wohl doch besser.

Wir müssen damit klarkommen: Es gibt keine einfachen

Rezepte, die die Erziehung regeln. Als Eltern müssen wir uns die Frage nach unseren Grundsätzen immer wieder neu stellen. Auf den folgenden Seiten wollen wir das tun. Wir haben uns die gängigen Erziehungsweisheiten vorgenommen und uns gefragt, ob wir eigentlich richtig handeln.

Wie alle Eltern haben wir mit der Kindererziehung bei null begonnen, wir haben das nirgends gelernt und sind weit davon entfernt, Profis zu sein. Aber wir haben über die Jahre hinweg aus der tagtäglichen Auseinandersetzung mit den Kleinen gelernt. Wir haben uns Elternratgeber vorgenommen, Expertengespräche mit Therapeuten, Erziehungsberatern und anderen Eltern geführt. Manches davon war nutzlos, so auch die meisten Ratgeber. »Erziehungsweisheiten auf den Kopf stellen« heißt hier nun auch, Erziehung noch einmal neu zu denken. Ohne staubige Klischees und mit der Bereitschaft, sich in eine Aufgabe zu stürzen, an der man auch immer wieder scheitert. Das macht aber nichts. Der Wille, seine Erziehungsmaximen stets neu zu überprüfen, zählt. Und jetzt noch eine gute Nachricht: Das kann sogar Spaß machen.

Kapitel 1

»Lass das mal schreien, das stärkt die Lungen.« *Julia*

Sprüche von vorgestern und wie wir kreativ damit umgehen.

Erziehungsweisheiten begleiten uns von der ersten Minute unseres Elternseins an. Und es werden, so lehrt uns die Erfahrung, über die Jahre nicht weniger. Sie haben immer etwas Übergriffiges und verursachen schlechte Gefühle. Sind es zunächst mehr die Klassiker zur Säuglingspflege (»Du stillst immer noch? Wird dein Baby denn davon satt?«), kommen später die zur Fremdbetreuung (»Ein Kind gehört zu seiner Mutter«) hinzu. Spätestens ab Beginn der Trotzphase wird der Ton Außenstehender schärfer. Denn da, sagen wir etwa ab vier Jahren, fangen Kinder ziemlich gezielt an, sich zu verweigern und zu provozieren, kurz: sich »unmöglich« zu benehmen. Viele Erwachsene können damit gar nicht gut umgehen und packen ihre Ansichten dann in Formulierungen, die gern das Wörtchen »muss« in sich tragen: »Das muss er jetzt aber mal lernen«, »das muss jetzt aber mal funktionieren«. »Das würde ich mir von meinem Kind nicht bieten lassen!« ist so eine verbale Tretmine, die Thomas und mich schon öfter eiskalt erwischt hat.

Viele Sprüche gehen uns Eltern direkt unter die Haut und verunsichern uns zutiefst. Vor allem, wenn wir noch keine alten Hasen sind, sondern vielleicht das erste Kind haben. Ihre zerstörerische Wirkung entfaltet sich oft erst Jahre nachdem sie das erste Mal gefallen sind. Dazu gehören nicht nur Sätze wie »In dem Alter müsste er/sie das aber schon können«, sondern vor allem auch das, was man landläufig in Erziehungsratgebern liest. Da steht dann in schöner Regelmäßigkeit: »Vertrauen Sie Ihrem Bauchgefühl« oder »Kinder brauchen Grenzen«. Man liest diese Sätze so oft, bis man wirklich denkt, sie seien wahr. Und wundert sich, dass man mit ihnen im wirklichen Leben nichts anfangen kann, weil Grenzen und Bauchgefühl so schwammige Begriffe sind. Bis ich gemerkt habe, dass viele pädagogische Handreichungen nur gut klingen, aber eigentlich nichts bedeuten, hat es lange gedauert.

Manche Sprüche wirken so hoffnungslos veraltet, dass man sich erst einmal nur wundert, wenn sie auch noch im 21. Jahrhundert fallen. Zum Beispiel der von meiner Großtante Käthe. Als Leo gerade ein paar Tage auf der Welt ist, telefonieren wir miteinander. Statt einer Gratulation hat Käthe folgenden guten Rat parat: »Wenn er schreit, dann nicht gleich hinrennen! Ruhig mal ein bisschen schreien lassen. Das stärkt die Lungen.«

Als Thomas und ich die Idee zu diesem Buch entwickelten, kam gleich Kritik von Jeanne, einer Kollegin: Diese Sprüche, die noch aus der schwarzen Pädagogik stammten, würde doch heutzutage eh keiner mehr ernst nehmen. Es ist aber nicht nur eine bizarre Spielerei, sondern durchaus lohnend, für ein paar Minuten über Sätze wie diesen von Käthe nachzudenken. Wörter wie »stählen« lassen mich persönlich innerlich aufheulen. »Abhärten« oder »kräftigen« geht auch nicht, das erinnert mich an Ernst Jünger, den Weltkriegs-Schriftsteller, der im tiefsten Winter seine Eisbäder nahm. So etwas kommt mir nun wirklich nicht zeitgemäß vor. Dann schon eher »zu einem Leistungsträger von morgen heranziehen«. Schon sehe ich mich in einer Doku über ehrgeizige Mütter sitzen und sagen: »Ich möchte nur das Beste für mein Kind. Und ich will es fit machen, damit es später mal auf dem Arbeitsmarkt besteht. Daher lasse ich mein Baby schreien.« Da soll noch jemand sagen, dass der uralte Spruch nichts mit dem Zeitgeist zu tun hat!

Aber mal im Ernst: Man könnte die Lungen einfach sinnbildlich verstehen. Das Kind soll gleich mal merken, dass Mutti nicht immer springt, sobald es quakt. Und nach sieben Jahren Kindererziehung würde ich frisch heraus sagen: Da ist durchaus was Wahres dran.

Wissen es die Franzosen besser?

In ihrem Buch *Warum französische Kinder keine Nervensägen sind* schildert die in Paris lebende New Yorkerin Pamela Druckerman, dass man in unserem Nachbarland bereits Babys ein kleines bisschen warten lässt, wenn sie weinen. Französische Kinder würden so von klein auf lernen, dass es sich lohnt, Geduld zu haben. Sie schliefen nach drei Monaten durch, könnten sich später bei Tisch besser benehmen und ließen ihre Eltern stets ausreden. Sie hätten gelernt zu warten, bis sie dran sind. Offenbar traut man dort schon den Babys zu, das zu verstehen. Im Gegensatz zu uns. Als wir neulich unseren Jungs zu erklären versuchten, dass wir wenigstens einmal am Tag einen Satz zu Ende reden wollen, ohne dass uns einer von ihnen ins Wort fällt, guckten sie uns an wie die Schimpansen im Zoo.

Zumindest in meinem Umfeld ist die Ansicht, man solle die Kleinen »ruhig mal ein bisschen schreien lassen«, äußerst unpopulär. In der Wissenschaft heute übrigens auch. Die von der Autorin beschriebenen Folgen übertriebener elterlicher Fürsorge sind fürchterlich und erinnern uns schmerzhaft an eigene Erfahrungen. Als Expat in Paris merkt Druckerman sehr schnell, dass ihr Kind anders ist als die französischen. Etwa im Restaurant: »Bean (ihre kleine Tochter) interessiert sich nur am Rande für Essbares. Es dauert nur wenige Minuten, und sie beginnt, Salzstreuer umzuwerfen oder Zuckertütchen aufzureißen … Unsere Strategie besteht darin, möglichst schnell zu essen. Wir bestellen schon, bevor man uns einen Platz zugewiesen hat, und flehen den Kellner an, uns rasch etwas Brot und unser Essen zu bringen – Vorspeise und Hauptgericht bitte gleichzeitig.«

Da kann ich nur lachen. Immerhin geht Druckerman noch ins Restaurant. Wir laden noch nicht mal mehr Leute zu uns nach Hause ein.

Maja, meine Jüngste, ist wesentlich ausgeglichener als ihre beiden großen Brüder. Ob es vielleicht daran liegt, dass ich im Alltag mit drei Kindern nicht immer sofort auf sie eingehen kann? Und dass ich insgesamt wesentlich gelassener auf ihr Quengeln reagiere als damals bei meinem Erstgeborenen Leo (der übrigens nach wie vor der Oberschreihals der Familie ist)? Mag sein. Das heißt aber noch lange nicht, dass ich sie bewusst und lange weinen lasse, so wie es Käthes Spruch nahelegt. Das wäre für mich einfach nur grobe Vernachlässigung.

Leider gelingt es mir selten, gelassen zu bleiben, wenn selbsternannte Tugendwächter mit allen zehn Fingern in Richtung meiner Sippe zeigen und sich über das Verhalten meiner Kinder erregen. Auch wenn bisweilen ein wahrer Kern in diesen Erziehungsmantras steckt: Es schwingt doch immer das unangenehme Gefühl mit, der andere wisse es besser und bloßes Befolgen seiner Ratschläge bringe Ordnung, Frieden und wohlerzogene Kinder hervor. Kommt dann noch der Vorwurf: »Ihr Eltern diskutiert heute viel zu viel mit euren Kindern! Die tanzen euch ja auf der Nase herum«, dann bin ich vollends bedient.

Interessanterweise steckt in diesen Sprüchen ja überwiegend die Forderung nach mehr Strenge und mehr Disziplin. Der Appell, wir sollten weniger mit unseren Kindern reden, sondern mehr regeln, greift meiner Meinung nach aber zu kurz und ist mit einem friedvollen Familienalltag nicht zu vereinbaren. Diskussion, gleichbedeutend mit Umgang auf Augenhöhe, bedeutet ja nicht, dass man die Kinder machen lässt, was sie wollen. Dass man nicht Verantwortung für das Wohlergehen seiner Kinder übernimmt. Im Gegenteil: Wir als Eltern verstehen darunter einen achtsamen, respektvollen Umgang miteinander. Wir versuchen, in Kontakt mit unseren Kindern zu bleiben, ihnen Orientierung zu geben.

»Ich bin der König hier«, ruft Thomas neuerdings immer, wenn die Kinder sauer über eine seiner gefürchteten Ansagen sind. So etwa: »Ab ins Bett. Aber vorher räumt ihr noch euer Zimmer auf!« Dann kniet er sich mitten rein ins Chaos aus Legoteilen, Spielzeugautos und Malbüchern und hilft mit. Er sagt: »Aber ihr habt Glück, denn ich bin ein guter König.«

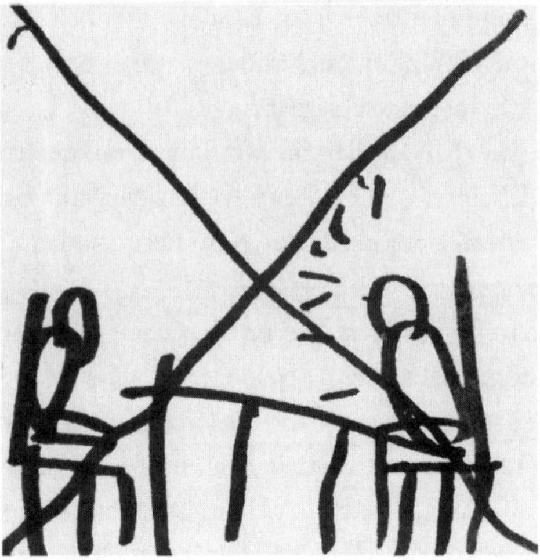

Wir stellen zusammen Familienregeln auf. Ein Fünfjähriger sieht das so: »Papa nicht anschreien, wenn er mit am Tisch sitzt.«

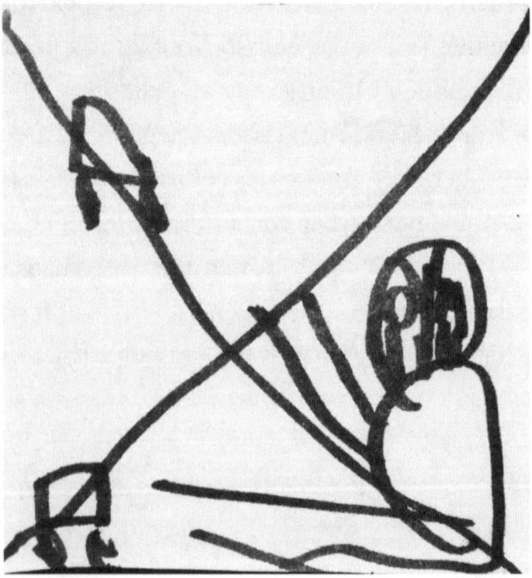

»Und keine Sachen im Zimmer rumschmeißen!«

Kapitel 2

»So spricht man nicht mit seinem Vater!« *Thomas*

Oder doch. Schimpfwörter benutzen – das dürfen Kinder nicht? Unsinn. Dürfen sie sehr wohl, müssen sie sogar.

Ich sitze im Kindercafé. Diese Orte, die es inzwischen überall in Deutschland gibt, sind gefährliche Orte. Dabei ist ihre Idee auf den ersten Blick schön: große Cafés mit Spielecken, manchmal Klettergerüsten oder kleinen Rutschen, und die Eltern können dennoch an ganz normalen Kaffeetischen ihren Milchschaum schlürfen, Ciabatta Caprese futtern und an ihren Handys rumspielen, als seien sie normale Teilnehmer am Soziealleben.

Aber in Wirklichkeit sind diese Orte eben doch gefährlich. Man darf sich von den Blümchentapeten, den auf antik gemachten Stühlen und den gesund wirkenden Säften nicht täuschen lassen. Das Kindercafé ist Kriegsgebiet. Der kritische Blick dräut überall. Hier sitzen im Wesentlichen Frauen, die eigentlich gern woanders wären, und die wegen ihrer Jobsituation (keiner mehr) und wegen ihres Bauchs (immer noch einer, wieso bleibt der so lange?) und manchmal auch wegen des Partners (oft genug leider: keiner mehr) total gereizt sind. Um diese Kundschaft weiter zu zermürben, stellen die Betreiberinnen von Kindercafés immer sehr gut aussehende, schlanke und garantiert kinderlose Bedienungen ein. Da steht dann eine hochgewachsene Frau mit schwarzer Haut, perfektem Afro und Designerklamotten Größe 36 und lächelt die verschwitzten Mütter mitleidig an, wenn sie ihnen den koffeinfreien Latte serviert.

Eine falsche Bewegung im Kindercafé, und du bist tot. Bloß kein Kind anrempeln, egal wie heftig und rücksichtslos es dich geschubst hat, bloß nicht zu lange auf den Bauch einer Mutter starren und keinesfalls laut ein Gespräch führen, das eine junge Mutter beleidigen könnte. Etwa, indem es sie an das erinnert, was sie gerade verpasst und vermisst. Das alles nicht. Falsch wäre: »In den Bars hat ja der Hugo, diese Mischung aus Sekt, Holundersirup und Minzblatt, plötzlich den Spritz, den Weißwein-Mineralwasser-Aperol, als Szenegetränk abgelöst. Seltsam, weil der neue Trenddrink ja eigentlich gar nicht schmeckt.« Lieber so: »Ich mische nachts immer die Fläschchenmilch an, weil meine Frau ja auch mal durchschlafen will. Bin aber ehrlich gesagt total müde und zu nichts mehr zu gebrauchen deswegen.«

Kampfzone Kindercafé

Ich sitze also im Kindercafé, weil ich zwei Freundinnen mal wiedersehen will, die inzwischen auch Kinder haben. Katja hat ihre kleine Tochter auf dem Arm, sechs Monate ist die alt und steckt in einem süßen weißen Kleid. Ich kenne Katja von Partys, diese Lebensphase ist bei ihr lange vorbei. Sie hat jetzt ein Haus auf dem Land mit ihrem Mann, der fürs Finanzministerium arbeitet. Dann ist noch Anja dabei, die früher Schauspielerin war und wegen der Kinder die Karriere aufgegeben hat. Ihre Zehnjährige gibt mir brav die Hand, sagt Guten Tag und verschwindet mit einem Comic in eine Ecke. Anja sagt etwas von »katholischer Erziehung«, was ich nicht genau verstehe – wegen des Schocks darüber, dass Kinder sich höflich benehmen können, habe ich kurz etwas Ohrensausen bekommen. Ihr zweijähriger Sohn löffelt einen Joghurt und ist nicht – ich wiederhole: nicht! – bekleckert. Das kann ja heiter werden. Ich habe nur die älteren zwei Drittel meiner Kinderschar dabei. Die Jungs verschwinden sofort ins Klettergerüst, grußlos natürlich.

Nachdem wir zweieinhalb Minuten über alte Zeiten geplaudert haben, ziehen meine beiden Söhne auf Dreirädern langsam an uns vorbei. Das läuft so ab:

Leo: »Papa, können wir Kuchen? Oder Eis? Oder beides?«

Ich: »Mal sehen, kümmere mich in drei Minuten drum, erst mal wollen die Erwachsenen ein bisschen reden.«

Leo, wütend: »Kacke! Du Furzkanone!«

Quinn, der hinter ihm rollt, beiläufig: »Ja, du pupst eben immer so viel.«

Leo, schon weit weg, richtig erbost: »Ich finde das beschissen.«

Damit bin ich dann bei meinen beiden Freundinnen schon als Versager abgestempelt, eigentlich meine ich in ihren Gesichtern sogar ehrliche Bestürzung und Geringschätzung zu lesen. Ich hätte im Prinzip auch gleich sagen können: »Leute, wir haben mal zusammen studiert und große Pläne gehabt, aber heute wohne ich in einer ganz besonders hässlichen Plattenbausiedlung, trage den ganzen Tag lang einen Jogginganzug, trinke Dosenbier und schlage meine Frau. Macht doch nix, oder?«

Das größte Problem am Schimpfwort ist der fremde Papa

oder die fremde Mama, die es hört. Als Mutter oder Vater gibt man schon viel von seinen Vorstellungen auf, wie alles zu wirken und auszusehen habe. Aber ein ganz klein wenig Fassade möchte ich doch noch behalten. Ich hab mir eigentlich erhofft, mein Sohn würde auf mich zukommen und sagen: »Papi, dürfen wir bitte eine kleine Kugel Eis? Nein, jetzt noch nicht? Na, das macht nichts, dann spiele ich still weiter und frage später noch einmal.« Stattdessen verzieht er das Gesicht, feuert das Spielzeug, das er gerade in der Hand hält, mit Schmackes in eine entlegene Ecke und ruft: »Du hinterlistiger SACK!«

Nun sind wir heute – dank des allgemeinen Konservativismus und des Elite-Internat-Leiters Bernhard Bueb mit seinem Bestseller über Disziplin – wieder ein bisschen auf dem Trip, dass Kinder gehorchen sollten und der antiautoritäre Weg vielleicht doch in die Irre geführt habe. Kein Mensch hat sich ernsthaft mit den Grundsätzen der antiautoritären Erziehung befasst, die selbstverständlich auch nicht ganz so dumm sind – es geht einfach die vage Vorstellung um, ein bisschen Zucht und Ordnung sei eventuell doch ganz gut.

Für eine gewisse Entspannung in der Erziehung dürfte es sorgen, die Dinge leichter zu nehmen. Selbst die Beleidigungen durch den lieben Nachwuchs. Man denke an die schöne Kolumne von Max Goldt, in der er beschreibt, wie ein mauliger Teenager ins Wohnzimmer zu seinen sozialdemokratisch eingestellten, sensiblen Eltern kommt und sagt: »Ihr sollt alle sterben!« Darauf: betretene Gesichter, Ratlosigkeit, bittere Tränen! Dabei wäre, so Goldt, die einzig richtige Antwort gewesen: »Stirb doch selbst!« Und dann weiter fernsehen.

Als Knigge wegen schlechten Benehmens rausflog

Wenn man aber näher hinsieht, ist die strenge, militärisch effektive Erziehung oft nicht das, was sie zu sein scheint. Selbst Adolph Freiherr Knigge, der heute als Urvater aller Benimmbücher gilt, verlor 1772 seinen Job als Hofjunker und Assessor zu Kassel, nachdem er sich durch »gesellige Misshelligkeiten unmöglich« gemacht hatte. Er hatte sich nicht angemessen benommen. Seine Bücher, von denen man heute eine ganz falsche Vorstellung hat, sind eher eine etwas hemdsärmelige praktische Sozialpsychologie. Zum Thema Züchtigung bei Regelübertretungen – wie etwa Schimpfwörtern – durch das Kind sagt er: »Erniedrige dich aber nie so weit, dass du dich durch Hitze zu gewaltsamen Behandlungen verleiten ließest; sonst hast du schon zur Hälfte Unrecht.« Schon vor 250 Jahren war es eigentlich nicht cool, auszuflippen und wütend zu werden, wenn das eigene Kind nicht tat, wie wir wollten.

Es gibt natürlich einen guten Grund, sich gegen die Invektiven und Beleidigungen zu wehren: wenn man davon verletzt ist. Wer sich mies damit fühlt, sollte sich wehren – ist das nicht allgemein ein Grundsatz im Leben? Ich habe meinen Kindern mehrfach geduldig erklärt, dass manche Worte mich dann doch ärgern und letztlich traurig machen und ich sie einfach nicht hören will. Ob sie es kapiert haben, steht in den Sternen. Aber wir haben dann angefangen, verbotene und erlaubte Schimpfwörter zu unterscheiden. Akribisch zu unterscheiden, in langen Listen. In zähen Verhandlungen. Ich musste auch ein paar erlauben, die ich lieber verboten hätte. Er darf mich »Blödmann« nennen. Das finde ich okay. Durchgekommen ist er mit »Knallkopf«, obwohl es mir nicht recht schmeckt. Oft schreiben wir auf einen Zettel, was man alles nicht sagen darf, dann wird gelacht und gekichert. Mein großer Sohn hat so das Schreiben gelernt – mit einer Begeisterung, die anhand der Fibel und ihrem »Das ist Bert. Bert ist ein Boxer. Bert hat rosa Handschuhe« nicht ganz so gegeben gewesen wäre.

Ich habe für die Kinder auch ein Pipi-Kacka-Verbotene-Wörter-Lied mit Gitarrenbegleitung geschrieben. Singen wir es, bekomme ich immer die volle Aufmerksamkeit. Und wenn die Jungs jetzt meckern wollen, denken sie sich exotische Flüche aus wie:

- Du Regenrinne mit lauter Löchern drin!
- Du gerade Banane!
- Leere Tüte!

Eine der schönsten Familienerfindungen ist der Schimpfwort-Eimer geworden, dessen Etablierung von den Kindern mit strahlenden Gesichtern angenommen wurde. Ein Papierkorb, der in einer Ecke der Wohnung steht. Wer muss, darf hingehen und alle bösen, auch verbotenen Wörter hineinschreien. Und dann ist gut. Und ist es auch wirklich.

Mir hat das möglich gemacht, auch die Schönheit des wohlüberlegten Maledictums zu würdigen. Als Leo einmal total sauer ist, weil ich weder *Tim und Struppi* vorlesen noch Lego spielen mag und stattdessen auf die Zubettgehzeit halb neun bestehe, obwohl er noch voller Energie steckt, ruft er: »Du bist der Matrose, der bestimmt, dass du immer in die Hose kackst und einpullerst.« Nichts davon hat einen Bezug zu unserem bisherigen Gespräch, kein Mensch weiß, wie er auf den Matrosen kommt, der kindliche Dadaismus brach mal wieder hervor. Kurzes Nachdenken lässt mich denken: Hut ab! Ich bin also ein Matrose und gleichzeitig derjenige, der dafür sorgt, dass ich selbst der Peinlichkeit ausgesetzt werde. Das ist ausgeklügelte soziale Dialektik. Auch Sprüche wie »Bei dir knallts wohl hinten in der Hose drin!« kann ich akzeptieren, allein schon, weil ebenfalls nicht ganz abwegig. Und ein bisschen lustig.

Außerdem grinst Leo dann schief dabei, und oft ist die Wut über das, was voranging, damit verflogen.

Das Schimpfwort ist wohl eine große Leistung der Zivilisation. Irgendwann haben die Neandertaler aufgehort, sich wegen jeder Kleinigkeit die Köpfe einzuschlagen. Das war der Moment, als einer von ihnen sagte: »Ach, leck mich doch am Arsch«, und einfach wegging.

Das Schimpfwort, der Fluch, die Schmähung, sie alle können auch hübsche Instrumente im Dienste der Wahrheit sein. Abends gehe ich mit Quinn, den ich im Winter vom Fußball aus der Halle abgeholt habe, über einen Platz, und wir kommen an einem Glühweinzelt vorbei. Plötzlich springt der Kleine kurz in die Tür und brüllt »Ihr besofft euch doch alle!« hinein. Ich bin dann vorsichtshalber etwas schneller gegangen, auch wenn der Glühwein die Bürohengste sicher schon etwas träge gemacht haben dürfte. Lachen musste ich aber schon.

An all das denke ich jetzt auch im Kindercafé und fühle mich gleich nicht mehr ganz so idiotisch. Wie oft, wenn ich es schaffe, cool zu bleiben, belohnt der Weltgeist mich hinterher. Denn beim Verlassen des Cafés werde ich noch Zeuge eines interessanten Naturschauspiels. Eine große rothaarige Frau hat mit ihrer Tochter, klein, drall, etwa fünf, offenbar etwas draußen an der Eistheke bestellt. Aber irgendetwas passte nicht. Vielleicht wollte die Kleine drei Kugeln, und Mama spendierte nur eine? Was das Problem war, kann ich nicht in Erfahrung bringen, denn das Mädchen setzt gerade zu dem klassischen Tobsuchtsanfall an. Der großen Katastrophe, die alle Eltern hin und wieder ereilt, vorzugsweise an der Supermarktkasse oder mitten auf einer großen Kreuzung. Oder eben am Eisladen, inmitten der Wartenden. Das Mädchen zerrt an Mamas Ärmel, wirft sich auf den Boden und läuft knallrot an.

Der Exorzist am Eisstand

Die Mutter stammelt etwas von: »Friedi, es reicht jetzt, komm hier weg, da sind noch andere Leute dran.« Aber Friedi windet sich am Boden, grunzt wie das Mädchen aus *Der Exorzist* und tritt dabei mit den Füßen um sich. Einzelne Schreie stechen aus den Tierlauten hervor: »Du Scheiß-Mama! Ich will dich nicht mehr!« Zum Glück gehen die Kraftausdrücke unter im Schreien und in der Unfähigkeit, sich zu artikulieren. Friedi hat sich in eine Hysterie erster Klasse hineingesteigert und hyperventiliert jetzt praktisch nur noch. Wie eine Irre, man möchte nach der Zwangsjacke rufen.

Mutter packt zu, um das quirlige Bündel wegzutragen. Das klappt so gut, als würde man den berühmten Wackelpudding an die Wand nageln. Die jetzt auch schon keuchende Mutter versucht es zwischendurch mit Sätzen wie: »Dir kauf ich nie wieder ein Eis!« … »Es gibt kein Fernsehen heute Abend!« … »Am Wochenende auch nicht!«

Aber das verhallt natürlich alles ungehört. Beziehungsweise wird es nur von den Umstehenden gehört, den anderen Eltern, die Eis kaufen wollen oder einfach nur in der Sonne vor dem Café sitzen. Doch kein Mensch wagt es, sich über die grandios scheiternde Mutter in Not lustig zu machen. Denn allen ist klar: »Tat twam asi«, wie es in der indischen Philosophie heißt, das bist auch du, nächstes Mal kann es schon dir so gehen. Alle blicken konsterniert und mitleidig drein. Ich bin fasziniert, aber ich glaube, nur kurz, vielleicht muss ich gleich weinen. Inzwischen ist die Mutter dabei, das zappelnde Gör in den Kindersitz am Fahrrad zu quetschen, in den es auch in friedlichem Zustand kaum noch reingepasst hätte. Ein Mann stürzt hinzu, um zu helfen, und kassiert von der Kleinen als erstes eine schallende Watschn. Erst als eine zweite Frau dazukommt und das Fahrrad festhält, gelingt die Löwenbändigung. Der Mutter ist längst alles zu viel, sie kann sich nicht einmal bedanken, murmelt nur noch Dinge wie »nicht nötig!« und »geht schon!« und verschwindet.

Was denkt ein Kinderloser, wenn er so etwas sieht?, frage ich mich. All das Elend, das doch gleichzeitig total normal ist. Ach, egal. Wen interessiert's. Kinderlose leben auf einem anderen Planeten als wir. Heute Abend gibt es in der Familie des kleinen, wilden Pummelchens jedenfalls kein Fernsehen. Wahrscheinlich gibt es Tränen, wenn Mama sich noch einmal vor Augen führt, wie erniedrigend alles war, und es ihrem Mann erzählt. Und dann werden sie ganz langsam und mühsam vorwärtskommen im Umgang. Das nennt man Erziehung, und so machen wir es alle. Und dass dabei öfter mal »Scheiße, verdammt!« gerufen wird, egal von wem, ist wirklich keine große Überraschung.

Ich habe eben sogar noch etwas gelernt, und zwar noch vor dem katastrophalen Ereignis mit der unwilligen kleinen Eisesserin. Das war so: Nach den Beschimpfungen zerrte ich meinen Sohn am Arm durchs Café, auf der Suche nach einer stillen Ecke, um ihn in Ruhe anmeckern zu können. Er zeterte, klopfte auf meinem Arm herum und kniff mich schmerzhaft in die Brust. »Sag mal, hast du einen schlechten Tag oder was«, rief ich eigentlich eher aufs Geratewohl.

Aber es stimmte: Er berichtete mir dann, dass die Kinder auf dem Schulhof immer »Leo, Löwenzahn, kommt an meine

Suppe dran« singen. Außerdem war es ihm alles viel zu laut. Auch hier im Kindercafé war es ihm zu laut. Und er vermisste seine Freunde aus dem Urlaub und wollte wieder dorthin, wo es das schöne Schwimmbad gab. Na gut, dachte ich, da wäre ich auch sauer. Es erinnerte mich an meinen letzten Chef. Ich hab auch manchmal abends meine Frau angemault, weil ich seinetwegen unglücklich war.

Als es ausgesprochen war, lächelte Leo mich an. Kinder sind gar nicht so blöd. Teilweise schlauer als wir selbst.

Kapitel 3

»Ich zähl bis drei …« *Julia*

Das berüchtigte Runterzählen kennt jeder. Aber eigentlich könnte man auch gleich zur Sache kommen.

Maja sitzt in der Babywippe und schreit. Sie hat Hunger, und ich stehe mit dem dampfenden Brei vor ihr. Leo kniet zwischen uns und macht Faxen. Er streckt Maja die Zunge heraus, singt »Bäh, bäh, bäh«, verdreht die Augen. »Leo«, sage ich genervt, »Maja hat Hunger, lass mich durch, ich möchte sie füttern.« »Ja, ja,«, trällert mein Sohn und macht weiter. »Leo, jetzt!«, ermahne ich ihn. »Gleich!«, ertönt es vom Fußboden. »Leo«, brülle ich jetzt voller Ungeduld. »Ich zähl bis drei, und dann bist du da weg. Eins, zwe-hei, …« Leo steht zögerlich auf. »Drrr …« In letzter Sekunde springt Leo hoch und trollt sich kichernd aufs Sofa.

Diese Zählerei ist mir eigentlich total zuwider, aber sie ist das Mittel der Wahl, wenn der Nachwuchs die Ohren auf Durchzug stellt. Irgendwie klappt es mit der Methode »Runterzählen« immer, dass alle punktgenau auf ihren Plätzen sind. »Quinn, komm jetzt her, ich zähl bis drei!«, »Leo, lass deinen Bruder los, sofort! Eins – zwei …«, »Quinn, bei drei spuckst du das aus, hast du verstanden?« Der Countdown erhöht die Dramatik, als ob gleich was explodiert.

Was für eine Mühsal! Es wäre doch wünschenswert, wenn die Kleinen auch ohne diesen lächerlichen Zeitaufschub tun würden, was wir Eltern ihnen sagen. Das, was wir ihnen auftragen, könnten sie doch auch sofort erledigen. Welchen Gewinn bringt dass Spiel mit der »Drei« eigentlich? Wer profitiert davon?

Beide Seiten, mit Einschränkungen. Die Eltern, noch nicht entschlossen genug, sammeln sich in der verbleibenden Zeit für den finalen Anschiss. Sind sie einmal an diesem Punkt angelangt, dann liegen die Nerven bereits blank, von Humor kann keine Rede mehr sein. Die Kinder freuen sich über das Spielchen und über die Tatsache, dass sie dank der elterlichen Zähltechnik über ein beachtliches Maß an Macht verfügen. Vor »drei« müssen sie nämlich gar nichts unternehmen. Sie wissen das, und sie wissen auch, dass Mama und Papa wissen, dass sie das wissen. Andererseits hat das Zählen auch etwas leicht Bedrohliches. Dazu gehören nämlich unbedingt der auf »eins« erhobene elterliche Daumen und die großen Augen, mit denen die Eltern den Kleinen unmissverständlich signalisieren, dass Sturm im Aufziehen ist. Das Runterzählen ist ein etwas grausames Spiel, bei dem alle Seiten ihr Einverständnis gegeben haben, was die Sache dennoch nicht schöner macht.

Weniger ist mehr

Als ich einmal meine Freundin Alina besuche, bin ich schwer beeindruckt. Wir Erwachsenen können uns störungsfrei unterhalten, obwohl ihre beiden Kinder, die fünfjährige Lisa und der siebenjährige Tim, mit im Zimmer sind und spielen. Als Tim dabei einmal etwas lauter wird, sagt Alina: »Bisschen leiser, okay?« Sie tut das nicht so wie ich, die ich bei gefühlten 80 Dezibel einsteige, sondern ganz leise. Selbst ich hätte sie fast überhört. Und Tim? Reagiert. Ich denke daran, dass ich auch schon öfter bei meinen Kindern gewisse Erfolgserlebnisse erzielt habe, wenn ich nicht wie erwartet herumschrie, sondern im Gegenteil ganz leise sprach.

Ich nehme mir vor, öfter leise und insgesamt auch weniger zu sprechen, damit meine Anweisungen nicht als belangloses Blabla im allgemeinen Tumult untergehen. Für das verbreitete Phänomen der laschen, kraftlosen Ermahnungen und Anweisungen, die schon von Anfang an gar nicht richtig ernst gemeint sind, kursiert unter Eltern zurzeit das schrecklich-schöne Wort »Erziehungsgeräusch«. All das Gerede, das wir uns eigentlich sparen könnten.

Ich setze mir zum Ziel, nur noch runterzuzählen, wenn wir zum Beispiel das Haus verlassen wollen, mir gerade der rechte Schwung fehlt und ich einfach selber noch ein bisschen Zeit brauche. Aus Sekunden werden dann Minuten, und alle können sich darauf vorbereiten, in baldiger Zukunft aufzubrechen.

Doch da wo es wirklich eilt, ziehe ich es inzwischen vor, ganz ohne Umschweife zur Sache zu kommen. Auch in diesem Punkt haben wir durch die vielen Kinder dazugelernt. Bei drei Kindern – eins in der Schule, eins in der Kita und eins im Stubenwagen – ist etwas anderes kaum praktikabel, wenn man nicht dem Wahnsinn verfallen möchte. Etwa, wenn ich Leo morgens zur Schule bringe. Zwischen sieben und acht Uhr geht es meistens hektisch bei uns zu. Üblicherweise kommt Leo nicht aus den Federn, er will noch lesen und Kassette hören oder etwas bauen. Irgendwann fange ich grummelnd an, ihm seine Klamotten überzustreifen, was er unwillig über sich ergehen lässt. Ab halb acht rufe ich im Minutentakt die Uhrzeit durch die Wohnung, was Leo aber nicht dazu veranlasst, sich flotter fertig zu machen. Und, der Klassiker, wenn wir gestiefelt und gespornt in der Wohnungstür stehen: »Ich muss noch mal aufs Klo.«

Damit soll nun Schluss sein. Die größte Neuerung ist, dass wir Leo eine Uhr geschenkt haben. Auf die muss er nun selber gucken. Die Verantwortung weckt seinen Ehrgeiz. Zum ersten Mal stehen nicht wir morgens bei ihm im Zimmer herum und drängeln wegen der Schule, sondern er bei uns. Er zieht uns an der Nase und sagt leicht genervt: »Es ist schon zehn nach sieben, wann steht ihr Schnarchnasen endlich auf?« Ich revanchiere mich dann, indem ich ihn beim Anziehen ganz lässig überhole. In Mantel und Schuhen sitze ich auf dem Kinderstuhl im Flur und warte auf Leo, der noch in seinem Zimmer herumwurschtelt. Nach ein paar Minuten kommt er heraus, guckt mich groß an, wie ich da so ausgehfertig sitze, und fragt: »Mama, warum sitzt du denn da?« »Na, ich warte auf dich. Habe ich doch vor fünf Minuten gesagt.« Leo ist erstaunt: »Ja, ja, aber ich habe dich dann gar nicht mehr gehört.« – »Ich habe ja auch nichts mehr gesagt danach.« – »Aha«, sagt Leo. Und dann zieht er wortlos seine Jacke an, schultert den Ranzen, und wir gehen gemeinsam zur Tür hinaus.

Kapitel 4

»Hände über die Bettdecke!« *Thomas*

Ernsthaft prüde ist heute kaum noch jemand. Aber was den Umgang mit Sexualität betrifft, sind wir leider nicht so frei und modern, wie wir es uns wünschen.

Sonntagmorgen in deutschen Familien. »Raketenpuller! Heute ist Pimmel-Tag!«, ruft der kleine Quinn. Dann lässt er auch schon die Hose runter und zeigt, was er so hat. »Haha, mein Penis! Der steht! Der von Papa kann das nicht, bei dem ist er viel zu schwer und hängt immer nur runter.«

Jetzt kommen die peinlichen Themen.

Mag es auch manch einem unangenehm sein: Dem Themenkreis Penis, Vagina und Nacktsein entrinnt keine Mama und kein Papa. Es fängt scheinbar harmlos an, etwa im Schwimmbad. Schwimmengehen in Deutschland ist bekanntlich nichts für Klaustrophobiker. Bäder in unserem Land zwingen die Menschen zum Umziehen in 0,8 Quadratmeter großen Einzelzellen. Dort stehe ich also mit meinem kleinen Sohn Quinn, trockne ihn ab, wir ziehen uns an. Plötzlich ruft er laut: »Aha, da ist er wieder, dein Penis, hup! hup!, da kann man gut dran ziehen, la la la!«. Die Enge der Umkleidekabinen bringt es auch mit sich, dass die anderen Badegäste nur wenige Zentimeter entfernt sind und natürlich alles mitbekommen. Ich versuche ihm zu erklären, dass Peniskneifen grundsätzlich nicht okay ist, das ist eine Regel bei uns. Auch bei anderen übrigens, und ich erläutere, dass es seltsam wirkt, wenn man solche Sachen ruft. Meine Rede kommt aber nicht klar und deutlich rüber. Sie hört sich wohl eher an wie: »Lass das mal, au!, hör mal, das ist nicht okay, AUU! Schluss jetzt, Mensch, das muss doch wirklich nicht sein, aus, AUA!«

Schon vor Jahren, als ich noch keine Kinder hatte, erlebte ich etwas Ähnliches, damals als Außenstehender. Es war auf der Herrentoilette dieses großen Möbelhauses aus Skandinavien. Alles sehr kinderfreundlich, viel Platz, viele Kabinen nebeneinander, und ein Vater geht mit seiner kleinen Tochter auf die Toilette. Man hört sie drinnen miteinander reden, er zieht sie an, und dann sagt plötzlich das kleine Stimmchen der maximal Vierjährigen: »Aber ich muss das da doch nicht anfassen, Papa, oder?« Eisiges Schweigen, die drei mit mir vor der Tür Wartenden schauen sich bestürzt an. Da stammelt der Papa drinnen: »Natürlich nicht, was soll das denn, wie kommst du denn darauf?« – »Weiß ich nicht.« Schon hasten die beiden raus, er hat es eilig. Das Mädchen hat ein niedliches Kleid mit kleinen Rosen drauf an, er ist um die dreißig und trägt Jeans, Pulli und weißes Oberhemd drunter, ein Typ wie du und ich. Ich nehme an, dass es sich um einen ganz normalen rechtschaffenen Vater handelt. Zweitens nehme ich an, dass das Hemd daheim gewechselt werden muss, wegen des kalten Schweißes, der in den paar Sekunden in seinen Nacken gelaufen ist.

Sex ist nackt tanzen, weiß doch jeder

Wie und wann wir unseren Kindern erzählen sollten, was Sex ist, wissen viele heute trotz aller Modernität immer noch nicht so genau. Dabei wollten wir doch alles besser machen. Meine eigenen Eltern wurden von den ihren überhaupt nicht »aufgeklärt«, wie man es damals ja immer kühl und technokratisch nannte. Ich selbst kann mich auch nicht daran erinnern, offene Worte über Sexuelles gehört zu haben. Allerdings gaben meine Eltern mir das Buch *Wo komm ich eigentlich her?*, einen Klassiker der Siebziger. Das waren aus heutiger Sicht seltsame Cartoons, die Sexualität verniedlichen, aber immerhin einigermaßen korrekt erklären. Geschrieben hat es ein britischer Naturromantik-Romancier, auf Deutsch erschien es unter dem Namen des Übersetzers, des schwäbischen Mundart-Dichters Hans Bayer alias Thaddäus Troll. Einen Doktortitel klemmte man auch noch vor diesen Künstlernamen.

Beim Thema Sex drehen alle durch. Es war wohl eine schwierige Zeit, sagt man dann immer so. Als wir am Ende der vierten Klasse, mit zehn, die sogenannte Sexualkunde im Unterricht hatten, sagte hinterher mein Banknachbar Dietrich grübelnd zu mir: »Also, wie es geht, wusste ich schon, aber nicht, dass es Spaß macht, angeblich.« Das Kapitel Sexualerziehung bleibt etwas vernebelt, bis in die Achtziger hinein. Allerdings kann ich mich gut daran erinnern, wie ich kürzlich meinem Sohn Leo von diesen Dingen erzählte, die ihn noch lange nicht betreffen. Das musste ich nämlich. »Ficker!«, schreit er seinen Bruder Quinn neuerdings manchmal an, wenn der ihm einen heiß begehrten Legobaustein wegnimmt.

»Wo hast du denn das Wort her, Leo?«

»In der Schule sagen das alle.«

»Ich kann es kaum glauben, dass die Lehrerin das erlaubt. Das Wort ist ziemlich barsch. Nicht schön.«

»Auf dem Schulhof rufen das alle, das merkt von den Lehrern keiner.«

»Okay. Was heißt es?«

»Irgendwas mit Sex.«

»Und was ist Sex?«

»Nackt tanzen.«

»Ach so.«

»Und ein Ficker?«

»Weiß ich doch nicht.«

Ich atme tief ein und hole gedanklich aus. Jetzt muss es sein.

»Ficken ist ein blödes Wort für Sex machen, das ist, tja, wenn man den Penis in die Vagina steckt, also Frauen und Männer machen das, Erwachsene, das, äh, macht uns Spaß. Also, großen Leuten, meine ich.«

Ich muss ihm ja noch nicht von Bill Clinton und den langwierigen Diskussionen erzählen, was schon Sex sei und was noch nicht. Oder? Ich reduziere es einfach mal auf das gute alte Rein-Raus-Spiel (so nennt es der Autor Anthony Burgess in seinem Buch *Clockwork Orange* von 1962).

Leo sagt nichts. Dann lacht er.

»So was macht ihr?« Der Rest geht im Gackern unter.

Irgendwie hat er ja auch recht. Der sexuelle Akt ist, seien wir ehrlich, eine äußerst komische Sache. Das Tier mit den zwei Rücken zu machen, wie Shakespeare es nennt (im *Othello,* gleich in der ersten Szene), hat etwas Lächerliches an sich, klar. Jetzt muss ich mich also von einem Siebenjährigen auslachen lassen dafür, dass wir Erwachsenen solche Dinge tun. Großartig.

Eigentlich darf es ja gar nicht sein, dass es so lustig zugeht. Denn seit einiger Zeit, das haben bauchfreie Tops, Barbie und Bushido uns so eingebrockt, könnte man denken, dass Kinder viel zu sehr mit sexuellen Bildern und Ideen bombardiert werden. Ein immer wieder bemühter Hit des Alarmismus, ein Lieblingsargument von Leuten, die gern den drohenden Untergang der Kultur anprangern, ist deswegen die Klage über die »Sexualisierung der Kindheit«. Das Gerede davon ist so alt wie das bauchfreie T-Shirt und der Minirock, also älter als die meisten von uns. Es steht aber wieder hoch im Kurs. *Deutschlands sexuelle Tragödie* heißt ein Buch, das die sittliche Verwahrlosung der Jugend anprangert, ganz pauschal und über einen Kamm geschoren. Da wird behauptet, junge Menschen in unserem Land seien von Porno und Gangsta-Rap sozialisiert, gefühllos und frauenfeindlich. Die Autoren, zwei Männer aus kirchlichen Kreisen, haben das Ergebnis allerdings auch so herbeigeredet: Sie sind in Berlins härtesten Problembezirk gefahren, die Hochhaussiedlung Hellersdorf, und haben dort dann wiederum nur die extremen Fälle aus ihren Interviews mit Jugendlichen aufgeschrieben. So angreifbar und tendenziös das methodisch ist, so sehr trifft es doch den Zeitgeist: Selbst große Tageszeitungen besprachen das Buch.

Verklemmte Sprüche selbst in der *Sendung mit der Maus*

Wenn unsere Kinder »Raketenpuller« schreien und sich einen Spaß daraus machen, sind sie höchstwahrscheinlich auf einem ganz richtigen Weg. Denn das berührt uns peinlich, weil wir es auch über vierzig Jahre nach 1968 und anderem Befreiungszauber immer noch nicht geschafft haben, richtig offen mit Sex und Geschlechtsorganen umzugehen. Es gibt ein ganzes Buch mit dem Titel *Ich nenne es da unten,* darin geht es nur darum, dass viele Frauen nicht offen über ihre Vagina und ihre Sexualität sprechen mögen. Wir Erwachsenen sind Jahrzehnte nach der angeblichen »sexuellen Befreiung« immer noch verklemmt.

Und wirklich besser ist die Aufklärung für Kinder auch nicht geworden. Als besonderes Ereignis in der Geschichte eines enorm erfolgreichen Fernsehformats produzierte die *Sendung mit der Maus* gerade eine Sondersendung, doppelt so lang wie die normale *Maus,* zum Thema Schwangerschaft und Geburt. »Damit ein Spermium zum Ei kommt, müssen Michaela und Sebastian miteinander schlafen«, heißt es dann trocken – notabene, sie »müssen« –, und auf ihrem Bett rollen zwei sich kurz zu weicher Fahrstuhlmusik übereinander. Und dann kommen die üblichen endlosen Bilder von Zellhaufen, die sich vergrößern. Zwar ist die Sendung hübsch, und Bilder aus dem Uterus sind heutzutage spektakulär. Doch das, was uns schon vor Jahren am »Sexualkundeunterricht« genervt hat, bleibt. Alles wird technisch und biologisch, davon, dass die Sache schön ist, redet niemand. Irgendwie ist das Muffige und Onkelhafte immer noch Teil des Umgangs mit »Aufklärung« geblieben.

Vielleicht müssen die Kinder die Sache selbst in die Hand nehmen. Unser Sohn sprach einmal fordernd ein Mädchen an mit den Worten: »Zeig mal das da, wo du keinen Penis hast!« Sigmund Freud lässt grüßen: Jungen haben einen Penis, und Mädchen haben eine Lücke, wo etwas fehlt. Das, dachte man doch, haben wir seit Melanie Klein und anderen Psychologinnen überwunden, die seit achtzig Jahren Freuds Gedanken frauenfreundlich umschreiben.

Dabei sind die Jungs alles andere als misogyn. »Wir

möchten Mädchen sein«, rufen sie einmal. Und dann wird der Kleiderschrank geplündert, und die Nägel werden lackiert. Muskelshirts, die ich nie benutze, oder Tops von Mama passen genau als enges schönes Cocktailkleid für einen Vier- bis Fünfjährigen.

Ich will auch so eine Brust!

Dass man offen über Sexualität und Geschlechtsorgane reden muss, würde wohl jeder unterschreiben. Jetzt müssen wir es nur noch tun. Ich erlebe immer noch viel Peinlichkeit im Umgang mit dem Thema. Als ich bei einem Kindergeburtstag den Kaffeeklatsch mit den Verwandten der kleinen Janna miterlebe, ist es wieder so weit. Die Kinder sind zu diesem Zeitpunkt noch keine vier (!) Jahre alt, Janna ist ein Mädchen aus Quinns Kita-Gruppe. Sie trägt einen Rock und eine knallrote Strumpfhose drunter. Nun sitzt sie breitbeinig auf einem Kinderstuhl, wie Kinder halt so sitzen, und faltet ein Stück Papier. Da höre ich ihre Mutter etwas entnervt sagen: »Janna, Beine zusammen!« Besorgt pflichten ihre Omas bei: »Ach ja, darauf muss man jetzt ja auch achten.« So früh kann Weiblichkeit ein Problem sein, denke ich mir. So früh stören die Vorstellungen der Erwachsenen das Kind dabei, sich frei und ungezwungen zu bewegen. Selbst wenn nur enge Freunde anwesend sind.

Wir setzen uns das Erziehungsziel »Humorvoller Umgang mit Sexualität«. Seitdem können wir uns an Gesprächen freuen wie diesem:

»Mama, ich finde es ungerecht, dass du so eine Brust hast und ich keine.«

»Dafür hab ich keinen Penis.«

»Möchte ich auch nicht mehr. Ich will eine Scheide!«

Mir fällt dazu etwas ein, das ich im Internet gesehen habe. Es gibt als Kostüm eine Scheide aus Stoff. Ehrlich, man kann als Vulva zum Fasching gehen. Darüber lachen alle, die Kinder und wir.

Kapitel 5

»Zappel nicht so herum!« *Julia*

Volkskrankheit ADHS? Hyperaktive Kinder? Alles Unsinn. Eher: Hyperaktive Eltern sind das Problem.

ADHS, so posaunen es die Medien in alle Welt hinaus, ist die neue Volkskrankheit der Kinder. Rund 4000 Artikel zum Thema findet eine einschlägige Datenbank, die Journalisten nutzen, allein für die erste Hälfte des Jahres 2012. Irgendwann ist so ein Schlagwort da, und wenn es vielen nützt, sogar der Pharmaindustrie, dann bleibt es auch und beeinflusst fortan unser Denken. Die – Achtung, Unwort! – »Aufmerksamkeitsdefizit- / Hyperaktivitätsstörung« ist eine junge Erfindung, sie wurde überhaupt erst 1987 in das weltweit gültige Diagnostik-Nachschlagewerk *DSM* aufgenommen.

Bereits in den Siebzigern kam die Rede von »hyperaktiven Kindern« auf, und davor gab es den sogenannten »Zappelphilipp«. So richtig pathologisiert wird aber erst heute.

Unser Nachwuchs kann sich, so der Tenor, nicht mehr konzentrieren, ist fahrig, hochbegabt und auf Krawall gebürstet. Oft stellt sich die Diagnose später als falsch heraus. Schon befürchten einige, sie helfe eher den Eltern und weniger den Kindern selbst. Sie gebe der Sache eben einen Namen und beruhige die Eltern damit etwas.

Wie dem auch sei, zumindest ein nervöser Tic gehört heute einfach dazu: Grunzen, Kopfnicken oder Nägelkauen sind, wenn man unserer Kinderärztin Glauben schenken mag, völlig normal. Unser Sohn röhrt zurzeit mitten im Satz hin und wieder einmal kurz und trocken und zuckt dabei mit dem Kopf etwas vorwärts. Zuerst haben wir uns Sorgen gemacht. Dann erzählte Thomas, dass er als Kind jahrelang durch die Nase Luft ausstieß, also wie ein Pferd schnaubte, das Schnupfen hat. Und mir leuchtet der Satz unserer Kinderärztin nun auch ein, denn wenn ich es mir genau überlege, hatten praktisch alle meine Freunde als Kind auch einen Tic gehabt, ich nicht ausgenommen. Thorsten zum Beispiel machte immer die Lippenbewegungen Sprechender nach, Sandra hat ihre Stofftiere allabendlich akribisch in einer Reihe neben dem Kopfkissen drapiert, ich selbst habe mal eine Zeit lang furchterregend mit den Augen gerollt. Das hat mir höhnische Bemerkungen meiner älteren Geschwister eingebracht, was aber auch nichts daran änderte. Die Natur des Tics ist, dass er kommt und geht, wann er will.

Ganz so neu ist dieser Spleen also nicht, und eher von der harmlosen Sorte. Das bezeugt mir Florian, ein befreundeter Psychiater. »Solange dein Sohn nicht durch die Gegend läuft und ununterbrochen ›Scheiße Ficken Kacke‹ zischt, ist alles okay.« Selbst Leos Drang zum Herumhüpfen findet er in Ordnung. »Ein bisschen Zappeln ist doch normal. Ich finde es eher beängstigend, wenn ein Kind brav am Kaffeetisch sitzt und die Klappe hält.«

Damit hatte er das böse »Z«-Wort ausgesprochen. Zappeln. Mit dem Zappelphilipp verbindet man nichts Gutes. Der Zappelphilipp ist ständig in Bewegung, er benimmt sich nicht bei Tisch und schmeißt ständig etwas herunter. Seine

Eltern haben ihn nicht unter Kontrolle. Der Zappelphilipp ist eine Figur aus dem Buch *Struwwelpeter,* dem Klassiker der schwarzen Pädagogik von 1845.

»Doch der Philipp hörte nicht,
Was zu ihm der Vater spricht.
Er gaukelt
Und schaukelt,
Er trappelt
Und zappelt
Auf dem Stuhle hin und her.
›Philipp, das missfällt mir sehr!‹«

Leo ist zappelig, das nervt total. Gleichzeitig ist es gut so. Leo entdeckt ständig irgendwo etwas Spannendes, das seine Aufmerksamkeit fesselt. Er ist lebendig, mit allen Sinnen dabei. Für uns ist das in erster Linie eine Fähigkeit.

Unsere Kinderärztin sagt, Tics hätten in den letzten Jahren zugenommen. Wenn ich sie richtig verstehe, dann ist für die Kinder eine Kombination aus Dampf ablassen und Ruhe förderlich, also zum Beispiel Fußball und autogenes Training. »Kinderyoga ist ja im Kommen«, klärt mich die Ärztin auf.

Ab auf die Matte!

Also nimmt Thomas Leo eines Tages mit ins Yogastudio. Weniger wegen Leos Besonderheiten als aus purem Egoismus. Jahrelang vertrieb sich Thomas nämlich am Rand von irgendwelchen muffigen Turnhallen die Langeweile mit SMS-Schreiben, während die Kleinen fröhlich ihr Zirkeltraining machten. Hinterher war er rammdösig, verspannt und genervt. Seitdem sucht er ein Sportangebot, das gleichermaßen

Kinder wie Eltern anspricht. Damit er auch was davon hat, wenn die Kleinen turnen.

In der Yogaschule gibt es ein prima Angebot: Erwachsenen- und Kinderyoga finden zur gleichen Zeit statt, in nebeneinanderliegenden Räumen. Damit scheint der Traum meines Mannes in Erfüllung gegangen zu sein.

Leider aber ist es dann so, dass Leo, der offenbar nicht auf Vereinsmeierei steht, nach zehn Minuten zu Papa rübergelaufen kommt. Der sitzt gerade im Schneidersitz beim »Ommmm« und findet es gar nicht lustig, während des Mantrasingens gestört zu werden.

In der Woche darauf geht Thomas wieder allein zum Yoga. Gleichzeitig klingelt Leo zu Hause den Nachbarjungen raus. Die beiden klemmen sich ihre Skateboards unter den Arm und gehen runter auf die Straße, um den »Ollie«, einen ganz bestimmten Sprung, zu üben. Eine Stunde, zwei Stunden lang sehe ich sie den Gehweg vor unserem Wohnzimmerfenster entlangrollen. Schön ist das.

Hyperaktive Eltern

Selten genug schaffe ich es, mich mal hinzusetzen und meinen Kindern einfach nur beim Spielen zuzusehen. Denn meistens nutze ich die Zeit, um nebenher etwas zu erledigen: den Abwasch zum Beispiel, oder ich lese meine E-Mails. Wenn es mir aber gelingt und ich mir meine Kinder so angucke, wie sie sich in ihre Phantasiewelten hineindenken, dann finde ich, dass Hyperaktivität und die damit einhergehenden nervösen Zuckungen weniger ein Problem der Kinder sind, sondern vielmehr eines des Eltern. Ja, es muss mal gesagt werden: Hyperaktive Eltern sind viel, viel schlimmer als hyperaktive Kinder. Darüber sollte man mal reden.

Aber nicht auf die Weise, wie es landauf, landab in den Medien zelebriert wird. Dort werden Eltern zum billigen Watschenmann der Nation. Da hat sich das Thema des elterlichen Förderwahns oder der übertriebenen Fürsorge inzwischen zu einem regelrechten Eltern-Bashing aufgeblasen, das ungeheure Ausmaße angenommen hat und das sich das Publikum dankbar einverleibt. Im Fernsehen, etwa in *Soko Leipzig: Elternabend* oder in *Polizeiruf: Kinderparadies* von Leander Haußmann gehen sich die Eltern in ihren Initiativ-Kitas an die Gurgel. Der in Berlin geborene Comiczeichner und Entertainer Fil singt den passenden Song dazu: »Mein Kind ist geiler als dein Kind«. Darin heißt es etwa: »Dein Kind trägt Schuhe von Naturino, mein Kind spielt mit im neuen Tarantino.« Im Interview mit der *taz* sagt er: »Diese ganze Prenzlauer-Berg-Eltern-Diskussion finde ich extrem fruchtlos. Ich kann das auch gar nicht sehen, dass die so furchtbar sind. Ich komme aus dem Märkischen Viertel, und die Eltern da sind schlimmer. Die schnauzen ihre Kinder an und verhauen sie.«

Auf einem Titelblatt des *Spiegel* ist ein Paar dargestellt, er mit Headset im Ohr, sie im Businesskostüm, und vor ihnen der zweifelnd dreinblickende Sohn. Im Artikel geht es um die sogenannten Helikopter-Eltern, die, so heißt es, vor lauter Sorge um den Nachwuchs beständig um ihre Kinder kreisen. Es mag Eltern geben, die so sind, es hat sie sicherlich immer schon gegeben.

Mich aber ärgern alle diese Darstellungen, mögen sie nun Helikopter-Eltern oder Latte-macchiato-Mütter heißen. Ich finde sie schlichtweg falsch und zutiefst kontraproduktiv. Ich würde sogar so weit gehen zu sagen: Wegen solcher Bilder bekommen die Deutschen immer weniger Kinder. Weil

Eltern hierzulande immer nur alles falsch machen können – die Familie verkommt da zu einem Hort der Psychosen.

In solchen Argumentationen wird etwas ausgeblendet: der gute Wille, den ich mal den meisten Eltern unterstellen würde. Zum Beispiel der gute Wille, sich mit überkommenen Erziehungsmustern auseinanderzusetzen, Neues zu wagen, Altes infrage zu stellen, eine eigene Linie zu finden und Phasen der Überforderung und der Unsicherheit in Kauf zu nehmen.

Nein, wenn ich von hyperaktiven Eltern rede, dann meine ich nicht irgendwelche Klischeebilder, die sich in den Medien gut verkaufen und als »Feindbild Nummer eins« (so das Berliner Stadtmagazin *zitty*) mit Parolen wie »Öko« oder »Spießer« durchs Dorf jagen lassen müssen. Ich spreche von der ganz und gar zeitlosen Schwierigkeit, sich als Erziehende im Familienalltag gelegentlich passiv zu verhalten. Also Dinge geschehen zu lassen, ohne ständig einzugreifen, zu ermahnen, zu korrigieren.

Wer kennt das nicht: Wenn wir spätnachmittags den Arbeitsplatz verlassen und loseilen, den Nachwuchs aus Schule und Kita abzuholen, sind wir meistens reif für einen verspäteten Mittagsschlaf, einen Einkaufsbummel in einem anonymen Kaufhaus oder einen heißen Espresso. Stattdessen stürzen wir uns gleich ins nächste Abenteuer: Quälerei in der völlig überhitzten Garderobe, die Kleinen wollen sich die Schuhe nicht selber anziehen, die Handschuhe sind weg, das Gebastelte plattgesessen, und gleichzeitig quatscht die Elternvertreterin auf einen ein wegen der kommenden Weihnachtsfeier. Man will nur noch eines: nach Hause.

Doch da wiederholt sich das Drama ums Anziehen noch einmal. Diesmal wollen sich die Kinder nicht ausziehen, der

Kleine liegt müde mit schneenassen Boots im Hausflur und brüllt. Der Große stiefelt direkt aufs Klo und ruft noch, während man selber gerade mal über die Wohnungstürschwelle getreten ist, sein langgezogenes »Maaama!«. Nicht, weil er auf dem Klo Hilfe braucht, sondern um irgendwelche wahnsinnigen Geschichten zu erzählen.

Ruhe wäre hier dringend vonnöten. Doch was mache ich? Ich renne mal hierhin, mal dorthin und versuche einzudämmen, was noch zu dämmen ist, reiche Taschentücher, höre zu, zerre nasse Wollmützen von Kinderköpfen. Dann eile ich ins Wohnzimmer und versuche gute Stimmung zu verbreiten: »Wer möchte eine Runde Mikado spielen?« Irgendwann bekomme ich einen Schreianfall.

Einmal aber war ich wegen eines Streits mit Thomas so niedergeschlagen, dass mir regelrecht die Stimme versagte. Zeitgleich tobte in unserer Wohnung wieder mal das Chaos. Die Jungs spielten Fangen, bewarfen sich mit Kissen. Normalerweise wäre ich wahrscheinlich wie die Rächerin mit rollenden Augen in den Flur getreten und hätte herumgeschrien. An diesem Tag gelang das nicht, sodass ich mit ganz leiser Stimme meine Kinder bat, damit aufzuhören. Leo, der gerade wie im Rausch an mir vorbeirannte, blieb stehen, kam blitzschnell zu mir zurück und fragte: »Was hast du gesagt, Mama?«

Und dann war tatsächlich Ruhe. Offenbar weil ich aufrichtig war. Meine Kinder hatten mich gehört, nicht *obwohl* ich nicht gebrüllt hatte, sondern *weil* ich nicht gebrüllt hatte.

Auch mal die Füße still halten

Wenn man Kinder bekommt, dann denkt man wohl immer irgendwie, man müsse mordsmäßig Wirbel um alles machen. Das ist zumindest unsere Erfahrung. Engagement ist ja auch nicht verkehrt. Die Frage ist nur, wo hinein man seine Energie sinnvollerweise steckt.

Als unsere Kinder noch sehr klein waren, dachten wir auch, dass man unbedingt in aller Herrgottsfrühe mit ihnen raus auf den Spielplatz müsse, damit sie sich bewegen können. Schrecklich! Vor allem an Neujahr. Dieser Tag hat uns besonders heftig mit den unschönen Seiten des Elternseins konfrontiert. Denn nichts ist frustrierender, als sich übellaunig mit einem schwerfälligen Buggy durch mit Böllerresten verminten Schneematsch zu quälen. Draußen trifft man nur andere mürrische Eltern mit Kleinkindern oder Rentner. Während alle anderen ihren Silvesterrausch ausschlafen. Wären wir bloß dringeblieben!

Ein paar Jahre später sind wir schlauer. Wir feiern Silvester gemeinsam mit Freunden und deren Kindern. Es gibt eine richtig große Party mit Buffet, Kinderschminktisch, und irgendjemand hat sogar eine Diskokugel im Wohnzimmer aufgehängt. Nach dem Feuerwerk fallen die Kleinen, kreuz und quer auf Sofas, elterlichen Schößen und unter dem Tisch liegend, in einen glücklichen Schlaf. Wir haben im Vorfeld mit ihnen ausgemacht, dass sie am kommenden Morgen gleich nach dem Aufstehen ein paar Kinder-DVDs gucken dürfen. Ihre technischen Fähigkeiten sind so weit ausgebildet, dass sie die sogar selbst einlegen können. Und als wir Erwachsenen irgendwann ausgeruht auf der Matte stehen, sitzen die Kinder schon gebannt vor der dritten Folge *Yakari.* Auf dem Tisch vor ihnen liegen Bananenschalen und leere Joghurtbecher, Reste eines selbst gemachten Frühstücks.

Solche Szenen kann man als elterlichen Totalaussetzer werten oder aber als persönlichen Erfolg. Wir sind dazu übergegangen, diese Momente in unserem Familienleben ohne schlechtes Gewissen zu ertragen. Warum? Weil es uns als Eltern damit gut geht. Weil wir merken, wie wichtig es ist, einsatzbereit zu sein, humorfähig, und weil wir noch nicht erlebt haben, dass gute Laune und ein ausgeschlafenes Gemüt auf Kosten unserer Kinder geht.

Das erfordert natürlich ein gewisses Reflexionsvermögen und die Fähigkeit zu Humor und Selbstkritik. Wenn ich meinen Partner jedes Mal anschnauze, weil er wagt zu sagen: »Nun setz dich doch mal zu uns, du rennst durch die Wohnung wie ein aufgescheuchtes Hühnchen«, dann geht natürlich gar nichts.

Um elterliche Hektik zu vermeiden, muss man bereit sein, sich kluge Dinge zu überlegen. Wenn sie nicht gut funktionieren, muss man den Mut haben, sie wieder über den Haufen zu werfen. Thomas und ich haben Leo zum Beispiel »Klogespräche« verboten. Wer auf den Lokus geht, muss die Tür zumachen. Auch äußerst wichtige Botschaften werden erst nach Betätigung des Abzuges und gründlichem Händewaschen vermeldet. Dann komme ich auch nicht auf die Idee, in das Gequatsche um zwei Türecken einzufallen und ständig »Was?« zu rufen, weil ich nur die Hälfte verstehe. In eine ähnliche Kategorie fallen die Schweigeminuten, die aber nicht nur für die Kinder, sondern auch für die Erwachsenen gelten. Kinder zwischen drei und sieben Jahren sind nämlich Weltmeister im Vollquasseln, vor allem am Esstisch oder beim Zähneputzen. Statt sie ständig daran zu erinnern, mal ruhiger zu sein (und dabei bald mehr zu reden als sie selbst), heißt es jetzt immer mal drei Minuten die Klappe halten. Da wir das Ganze mit strengem Blick und Stoppuhr kontrollieren, finden unsere Kinder es sogar unterhaltsam.

Als unsere Kinder größer wurden, kapierten wir langsam,

dass sie uns gar nicht mehr so viel brauchen, wie wir glauben. Bis der Groschen gefallen war, dauerte es allerdings eine gewisse Zeit. Kein Kind verhungert, wenn Mama mal nicht überagiert und belegte Brote in den Garten hinausreicht. Nichts gegen einen gesunden Snack für unterwegs, mit dem man die Kinder bei Laune halten kann. Aber bei mir hatte die Rohkost-Schnippelei wohl leicht wahnhafte Züge angenommen, wenn ich den Aussagen meines Mannes Glauben schenken darf. Vor jedem Gang nach draußen füllte ich eine Batterie von Tupperboxen auf, Trinkflaschen mit Tee und Wasser nicht zu vergessen. Die Folge: Die Kleinen schrien schon an der ersten Straßenkreuzung nach Äpfeln, Knäckebrot und Gurken.

Pizzabacken und Doktorspiele

Mit der Zeit lernt man ein paar Tricks: Gerade nach Kita, Schule und Arbeit am Nachmittag kann man perfekt spielen, ohne dass Mama oder Papa sich allzu viel bewegen müssen. Zum Beispiel »Pizza backen«: Dazu liege ich als Teig flach auf dem Teppich, und die Kinder belegen meinen Rücken mit imaginärem Gemüse, mit Käse, Salami etc. Das Ganze muss dann noch ordentlich verteilt (wohltuender Massageeffekt!) und im Ofen gebacken werden. Dazu rubbeln sie sich die Handinnenflächen aneinander und verbreiten Wärme auf meinen Rücken. Herrlich!

Eine Variante davon ist das Rollenspiel »Beim Doktor«. Wir Eltern sind die Kranken und müssen von den Kindern ausgiebig untersucht werden. Dazu liegen wir am besten auf dem Sofa und sagen ab und zu: »Herr Doktor, schauen Sie mir doch bitte noch ins rechte Ohr, das tut etwas weh. Und auch der linke Arm. Nein, weiter oben.«

Sobald man das Gefühl hat zu schielen, ist es höchste Zeit, einen Drei-Minuten-Tiefschlaf zu machen. Dazu kann man die Kleinen losschicken, sich zu verstecken, man werde sie dann gleich suchen kommen. Oder sie sollen kleine Aufgaben erledigen: ein Labyrinth oder eine Schatzkarte zeichnen oder einen hohen Turm aus Bauklötzen bauen.

Urlaube machen wir grundsätzlich nur noch mit befreundeten Familien, weil wir wissen, dass sich die Kinder die besten Spielgefährten sind. Wir Erwachsenen können uns dann mit einem Sundowner in den Liegestuhl setzen und unserem glücklichen Nachwuchs dabei zusehen, wie er sich verausgabt.

Morgens beschäftigen sich die Kinder zwei Stunden allein. Am Vorabend räumen wir Kippen und leere Weinflaschen weg und bauen die Selbstbedienungstheke auf: Wir stellen einen Obstteller, kleine Brotschnitten und Saft auf den Tisch.

Überhaupt, auch ohne Urlaub: Sogar Frühstück können sich Kinder irgendwann selber machen. Man muss sie nur lassen. Und auch wenn die Küche hinterher aussieht wie ein Schlachtfeld, es hat enorme Vorteile. Wir Eltern können wochenends länger liegen bleiben, und die Kinder finden echten Gefallen an ihrer Selbständigkeit.

Gut, manchmal schießen sie auch über ihr Ziel hinaus. So kamen Leo und Quinn auf die grandiose Idee, Apfelsinen im Kinderzimmer auszupressen. Als Unterlage diente eines der obligatorischen Schaffelle, das hinterher nicht mehr zu gebrauchen war. Ein anderes Mal ließ mich der Ausruf »Putzen, putzen!« im Bett aufhorchen. Als ich in die Küche kam, versuchten die beiden gerade, dem verschütteten Kakaopulver auf dem Küchentisch mit einer großzügigen Ladung Spülmittel beizukommen.

In solchen Fällen hilft nur eins: immer die Vorteile des

kindlichen Sich-Ausprobierens sehen (nächsten Sonntag klappt es mit dem Ausschlafen bestimmt bis halb neun!), tief ausatmen und die Schmierenkomödie als Anlass zu einem kleinen physikalischen Exkurs nutzen. »Denn, liebe Kinder, wenn man versucht, die Seife mit Wasser zu entfernen, dann schäumt es immer nur noch mehr.« Das zweite Frühstück wird dann am späteren Vormittag gemeinsam eingenommen. Da der erste große Hunger der Kleinen schon gestillt ist, kommt es auch nicht zu tumultartigen Szenen am Esstisch.

Anrufe um 10 Uhr vormittags von rastlosen Eltern, die schon irgendwo im Park oder im Museum unterwegs sind, werden entweder nicht entgegengenommen oder lassen uns kalt.

Man sollte vielleicht einfach eine gesunde Distanz zu seinen Zöglingen pflegen. Sich nicht zu viel einmischen, die Kinder mal machen lassen. Wenn sie in Gruppen sind, passen sie auch ganz gut aufeinander auf. Und wir Eltern müssen nicht wie die Aasgeier am Rand der Sandkiste sitzen und Sandförmchen reichen.

Das Beaufsichtigen des Kleingemüses auf dem Spielplatz wird ohnehin überbewertet. Das Einzige, was man dort tun kann, ist, verkrampfte Gespräche mit anderen Eltern zu führen oder zu Rettungseinsätzen an Klettergerüste zu eilen. Noch heute stöhnt meine Mutter, wenn sie sich mit ihrer langjährigen Freundin Greta an ihre Zeit als Jungmütter erinnert: »Gott, was haben wir uns damals gelangweilt, als wir die Stunden auf dem Spielplatz abgesessen haben!«

Vielleicht ist es dann besser, ein paar Freunde mit Kindern, ein Picknick und eine Kiste Bier auf eine Wiese mitzunehmen, und den Dingen ihren Lauf zu lassen.

Kürzlich war ich mit Leo zu Besuch bei seinen Großeltern.

Eine Woche lang hielten wir uns hauptsächlich in ihrem Garten auf. Gelegentlich gab es einen kleinen Ausflug auf den nahegelegenen Bauernhof oder in den Wald. Abends fuhren wir mit ihm eine Runde Fahrrad übers Feld. Selten habe ich Leo so ausgeglichen gesehen. Dabei hatte er vor der Reise noch gemeckert, dass es bei Oma so wenig Spielzeug gebe. Mein Angebot an ihn aber war Folgendes: ein eng begrenztes Terrain (der Garten), und darin so viele Freiheiten wie möglich. Als wir uns alle darauf eingelassen hatten, funktionierte das prima. Selbst mein Satz »Oma und ich wollen uns jetzt in Ruhe unterhalten. Du musst dich ein bisschen selbst beschäftigen« fiel auf fruchtbaren Boden. Toll, dachte sich Leo vermutlich. Endlich stört mich mal keiner. Da kann ich in Ruhe Donald-Duck-Hefte lesen.

Kapitel 6

»Du kommst ins Heim für schwer erziehbare Kinder.« *Thomas*

Eltern sind verantwortlich für die Stimmung.
Für mehr Aufrichtigkeit statt sinnloser Drohungen.

Als ich abends beim Bier mal wieder mit meinem alten Freund Thorben zusammensitze, erzählt er mir eine Geschichte von seinen Kindern und seinen Eltern. Die Eltern und Schwiegereltern, natürlich, ein Klassiker! Früher haben wir über interessante Mädchen geredet, heute reden wir über Kinderhaben und Elternsein. Thorben regt sich über seine Eltern auf. Seine beiden Mädchen waren gerade bei Oma und Opa, seinen Eltern. Dem Ansturm zweier Energiebündel, fünf und sieben, sind die beiden nicht immer gewachsen. Ich habe ihn selbst, der aus dem gleichen Dorf stammt wie ich, mal besucht und seine Mutter kaum wiedererkannt. Schweißgebadet und zerzaust kam die sonst immer elegante Dame mir entgegen, da hatte sie die Kinder gerade für ein langes Wochenende übernommen. Das ist ja so weit alles normal und bei meiner Mutter auch nicht anders. Thorben knallt trotzdem heute seinen Bierkrug auf die Theke und sagt: »Ich habe zu Hause angerufen, um zu fragen, wie es so läuft, und ich höre: Die waren ziemlich bekloppt heute.« Und dann erzählt er mir, dass die Mädchen offenbar intensiv herumgealbert haben, beim Abendessen am Tisch flog eine Banane. Da meine Kinder genauso alt sind, weiß ich, was er meint. Es gibt so Momente, in denen lachen sie über sich und die Welt, kriegen sich kaum wieder ein und sind schwer zu bändigen. Das ist schön anzusehen und sehr anstrengend, wenn man es gerade ruhig haben will.

Thorben, der nun selbst auch noch Pädagogik studiert hat, stört sich an dem Satz »Die waren bekloppt«. Seine Mutter ist mit dem Verlauf des gemeinsamen Abends an einem Punkt unglücklich und schiebt das als Eigenschaft den Kindern zu. »In vierzig erfolgreichen Jahren Familien- und Gruppenpsychotherapie hat die Forschung immer wieder dasselbe gesagt: Eine Familie ist ein System, und Probleme stecken nicht in dem einen oder dem anderen drin«, wettert mein Freund. »So einfach ist es alles eben nicht.« Anschließend wurde es heftig: »Mein Vater hat gedroht, er bringt sie morgen früh wieder zurück zu uns, wenn sie nicht artig sind. Da waren die beiden dann wohl ganz still und traurig, die Kleine hat geweint.« Was er meint: Die Kinder haben eine saftige Drohung vorgesetzt bekommen, wahrscheinlich, ohne zu kapieren, warum. Aus ihrer Sicht waren sie ja nur ausgelassen und lustig – zwei Qualitäten, die viele von uns Erwachsenen gern wieder hätten.

Der Klassiker dieses alten Denkens, das Probleme im Zusammenleben einfach dem Kind zuschreibt, ist die Wendung »schwer erziehbar«. Wir haben früher durchaus noch manchmal den Satz gehört: »Du kommst ins Heim für schwer erziehbare Kinder.« Auch wenn das im Scherz gemeint war, machte der Satz doch gleichzeitig klar: Es gibt so etwas. Heime. Schwererziehbare. Ausgegrenzte irgendwie. Man wollte nicht dazugehören. Selbstverständlich heißt die Phrase alles und nichts und wird in der Wissenschaft nicht benutzt. Wer sie heute benutzt, bei den ganz normalen, eher banalen Irritationen, die es mit Kindern immer gibt, will doch eher nur seinen Unmut ausdrücken.

Angst essen Teller leer

Thorbens Eltern sind vielleicht gedanklich so weit von ihrer eigenen Kindheit entfernt, dass sie die wilde Ausgelassenheit nun schon für »bekloppt«, also unnormal, erklären. Womöglich sind sie enttäuscht, dass sie sich selbst das Kindsein heute so sehr verbieten. Wer weiß. Die Kinder wissen nichts davon. Die bekommen einfach nur plötzlich Angst, dass die schönen Tage bei Oma und Opa vorzeitig enden könnten, und schweigen betreten.

Lerneffekt: null. Sie haben nicht verstanden, dass Oma und Opa sich gestresst fühlen, wenn es beim Abendessen laut ist. Sie haben nicht verstanden, dass sie ihren Großeltern einen Gefallen tun, wenn sie ruhiger sind. Die Chance, dass die Kinder lernen, anderen etwas Gutes zu tun, ohne Druck und aus Freude am Miteinander, war vertan.

Das sind wohl ein paar der Gründe, weswegen moderne Pädagogen heute raten: Strafen bringt grundsätzlich überhaupt nichts und ist ein Mittel, von dem wir uns ganz verabschieden sollten. Leider muss man dann eben nachdenken und alles geben, um neue Formen auszuprobieren. Wieder das Essen als Beispiel: Weil die Kinder nur kleckerweise erscheinen, wenn das Essen schon auf dem Tisch steht, haben wir als Anfangsritual einen Tischspruch eingeführt. Der muss sich reimen, und den muss immer einer erfinden. Das spornt sie an, pünktlich zu sein, und dann sitzen sie am Tisch und dichten einen Quatschreim.

Ich beruhige meinen Freund dann noch ein wenig dahingehend, dass man wohl auch für die Alten Verständnis haben muss. Da sind wir uns auch schnell einig: Seine Eltern gehen, genau wie meine, liebevoll mit den Enkelkindern um und sind eigentlich tolle Großeltern. Meine sprechen auch schon immer sehr reflektiert und kritisch über die Erziehung, die sie selbst im Nachkriegsdeutschland genossen haben. Oft mit Schlägen und ohne viel Liebe oder Einfühlung seitens der Erwachsenen. In jener alten Sichtweise war ja immer das Kind das Problem, und wenn etwas nicht rundlief, wurde es eben geschlagen. Das lebt in Sätzen wie »Die waren ziemlich bekloppt heute« weiter. Und deswegen sind diese Aussagen vielleicht wirklich ein kleines Scheitern für eine moderne Erziehung. Kinder sind Kinder, wild, unbändig, und wunderbar, dass das so ist. Und wenn wir damit mal nicht klarkommen, müssen wir das eben mitteilen.

Übrigens, es funktioniert. Wenn ich die Hand meines Sohnes nehme, ihn fest anschaue und sage: »Ich möchte sehr, sehr gern in Ruhe essen und bin ärgerlich, wenn ihr hier rumspringt und laut seid«, dann funktioniert es. Na ja, meistens. Nicht immer.

Eltern sind verantwortlich für eine gute Stimmung in der Familie, nicht die Kinder. Kein Kind ist falsch oder »bekloppt«.

Kapitel 7

»Wenn jemand sagt: ›Spring aus dem Fenster!‹, springst du dann?« *Julia*

Wenn Eltern gemein werden, um Diskussionen auszuweichen.

Leo stürmt in mein Zimmer. »Ich ziehe heute die neuen Turnschuhe in die Schule an.« »Nein, es regnet«, entgegne ich. »Nimm bitte deine Gummistiefel.« Leo jault auf wie ein Hund. »O nee, Mama, die sind so uncool.« »Das ist mir egal«, beharre ich. »Die Füße müssen trocken bleiben.« Leo gibt nicht auf. »Der Benno darf aber auch seine Turnschuhe anziehen. Auch wenn es regnet. Warum darf ich das nicht? Sag doch mal, warum!«

Welcher Trottel hat behauptet, Eltern könnten mit der simplen Begründung »Weil ich das so will« Betteleien eindämmen? Ich erwarte, dass Leo meine Begründung widerspruchslos frisst, wie ein Engelchen aus dem Zimmer schwebt und bereitwillig in seine Gummitreter schlüpft. Aber es tut sich: nichts. Es funktioniert einfach nicht. Leo steht immer noch im Türrahmen, die Hände jetzt zu Fäusten geballt, und protestiert. »Nein, sag doch mal im Ernst, Mama! Das ist ja kein richtiger Grund.« – »Na, wir sind halt wir, und was der Papa vom Benno sagt, ist mir egal.« – »Aber trotzdem, ich will das auch, was der darf! Der Benno sagt, er zieht heute seine Turnschuhe an und ich soll das auch machen, und dann spielen wir zusammen Rennfahrer!« – »Verdammt noch mal!«, wettere ich. »Und wenn der Benno sagt: ›Spring aus dem Fenster!‹, dann springst du, oder was?«

Dieser Spruch ist gemein. Er zielt scheinbar auf das kritische Denkvermögen ab, will aber im vorliegenden Falle genau das Gegenteil: Leo soll bitte sofort seinen Mund halten und stur meine Anweisung befolgen. Außerdem ist es schon Viertel vor acht und damit höchste Zeit, denn die erste Unterrichtsstunde beginnt gleich. Allerdings hat Eile und Ungeduld noch selten geholfen, wenn es um das Ausfechten pädagogischer Maximen geht. Der gewünschte Erfolg bleibt aus. Zu allem Überfluss steht auch noch mein Mann im Flur, bereit aus dem Haus zu gehen, und zwar in Turnschuhen! Mit der Erklärung »Ich habe aber gelernt, um die Pfützen herumzutanzen, durch jahrelange Übung« versucht er noch, die Situation lustig zu retten, scheitert aber auch.

Ich finde, das Leben ist ungerecht. Zumindest funktioniert es heute morgen nicht so, wie ich das will. Allerdings wird sich Leo wohl genau dasselbe denken.

Gern würde ich das Rad auf null zurückdrehen und mit frischem Mut noch mal von vorne anfangen. Doch ich habe das Spiel begonnen, und es ist noch nicht zu Ende. Mein altkluges Getue hat Leo auf die Palme gebracht. Irgendwie scheint er zu merken, dass an der Sentenz vom Fenster was faul ist. Aber er ist noch zu klein, um zu durchschauen, was genau es ist. Das macht ihn wütend. Er fängt an zu toben und Spielsachen im Zimmer herumzutreten. Die morgendliche Situation eskaliert. Diese Momente, die wir Eltern gern als Störungen im gewünschten Ablauf sehen, sollten uns immer zum Denken anregen. Meist haben weniger die Kinder ein Problem, sondern wir selbst.

Erziehung mit der Eieruhr

Ähnliches passierte einmal, als Quinn am Abend seinen Schlafanzug anziehen sollte. Er wollte nicht. Das ist nicht ungewöhnlich, aber an dem Tag war ich müde und ein bisschen krank und wollte selbst schnell ins Bett. Ich sagte: »Du darfst dann auch noch ein paar Minuten spielen.« Quinn wollte trotzdem nicht. Da verlor ich die Geduld und begann fiese Fragen zu stellen und ihn damit in die Enge zu treiben. »Und warum willst du deinen Schlafanzug nicht anziehen?« – »Darum«, antwortete Quinn. – »Das ist kein Grund. Du darfst ja noch spielen. Du sollst nur den Schlafanzug anziehen. Was ist denn daran schlimm?« – »Alles«, sagte Quinn. Ich ließ ihn nicht in Ruhe, ich begann mich in Rage zu reden. »Aber warum? Sag doch mal.« Irgendwann fing Quinn an zu brüllen. Ich habe dann auch verstanden, wie er die Sache wahrscheinlich gerade sah. Augenblicklich ließ ich von ihm ab, es wurde mir klar, dass ihm für die Beantwortung dieser Frage das Sprachvermögen fehlte, dass ich ihn gerade komplett überforderte. Hätte er gekonnt, hätte er vermutlich zu mir gesagt: »Du, ich fühle mich jetzt gerade bedrängt von deiner Fragerei. Ich denke, es ist so: Wenn ich den Schlafanzug anziehe, ist das ja quasi schon wie ins Bett gehen, und das will ich nicht. Ich will das Gefühl haben, noch lange spielen zu können.«

Neuerdings einigen wir uns oft darauf, dass es dieses Gefühl geben darf, die Aktion aber nicht zu lange dauern soll. »Zehn Minuten Spielzeit«, rufe ich also oft um acht Uhr abends aus. Und dann darf wirklich nur zehn Minuten gespielt werden, nicht elf oder siebzehn, sonst ist der Tagesablauf im Eimer.

Die Kinder sind auf das Spiel eingestiegen, so wie sie fast immer auf alles Spielerische einsteigen. Zur Unterstützung haben sie von mir eine Eieruhr bekommen. Damit messen sie die Zeit eifrig mit. Und wenn es klingelt, springen sie »wie die Feuerwehr« in ihre Schlafanzüge. Im Spritzenhaus schrillen schließlich auch die Alarmglocken, wenn es Ernst wird.

Irgendwie habe ich auch Leo an dem Morgen mit der Turnschuh-Diskussion dann noch in Gummistiefeln zur Schule gebracht. Er heulte den ganzen Weg, hatte aber seine geliebten Treter in einem Stoffbeutel dabei. Das war unser bitter erkämpfter Kompromiss. Vermutlich hat sich der Kleine gedacht: »In was für einer Scheißfamilie bin ich eigentlich gelandet, warum kann ich nicht zu Benno ziehen? Der darf ja viel mehr.«

Jupiter und der Ochse

Ich habe noch etwas länger über den Morgen nachgedacht. Da fiel mir der lateinische Satz ein: »Quod licet Iovi, non licet bovi.« Frei übersetzt heißt das etwa: »Was dem Jupiter gefällt, ist dem Ochsen noch lange nicht erlaubt.« Meine Freundin aus Schultagen hatte mir mal erzählt, dass sie das als Kind öfter von ihrem Vater zu hören bekam. Damit nahm er sich das Recht heraus, Dinge zu tun, die ihr jedoch verboten waren. Wenn sie darauf verwies, dass die beste Freundin etwas dürfe, was ihr selbst zu Hause untersagt war, dann schob er noch nach: »Was die da machen, interessiert mich nicht. Bei uns gelten eben andere Regeln.« Die Freundin hat heute praktisch gar keinen Kontakt mehr zu ihrem Vater. Möglicherweise hatte er es mit seinen Sprüchen etwas übertrieben.

Wenn ich sage: Ich darf das, weil ich erwachsen bin und du nicht, denn du bist klein, oder als Variante: Die anderen dürfen das, weil sie eben die Müllers oder Schmidts sind, und wir sind wir, und du bist du, dann versuchen wir uns abzugrenzen. Das halte ich nicht für verkehrt. Kritisches Denken ist ja super, und was die anderen denken, sagen oder tun, darf uns tatsächlich nicht den Blick auf eine eigene Meinung verstellen. Das Problem ist jedoch erstens, dass es den Kindern mitnichten egal ist, was ihre Freunde tun. Ja, im Zweifelsfall würden sie dem Benno auch hinterherspringen, aus dem viel zitierten Fenster, wenn es die Situation erforderte. Und zweitens, dass wir Erwachsenen das alles überhaupt nicht so meinen, wie wir es sagen. Eigentlich wollen wir nur, dass das Kind seinen Wunsch, Turnschuhe statt Gummistiefel zu tragen, zum Nachtisch Schokolade statt eines Apfels zu essen oder bis um neun Uhr abends fernzusehen, weil die Kinder vom Nachbarn das auch tun oder weil wir, ihre Eltern, das tun, ohne Murren aufgibt. Im punktgenauen Setzen rhetorischer Finten sind wir Meister. Und wir wissen ganz genau, dass wir die Kinder damit gegen die Wand laufen lassen. Seltsam nur, dass wir all das tun, obwohl das darauf folgende Programm sonnenklar vorgezeichnet ist: Die Kleinen meutern und werden aggressiv. Wir Eltern dulden das nicht, schimpfen. Irgendwann schreien alle. Türen knallen. Das Kind bleibt gedemütigt zurück, und wir selber fühlen uns mies. Warum machen wir das trotzdem?

Eltern sind privilegiert

Wir müssten uns doch gar nicht mit so kruden Methoden rechtfertigen. Elterliche Privilegien sind okay! Natürlich dürfen Erwachsene Dinge tun, die den Kindern untersagt bleiben. Und selbstverständlich dürfen andere Kinder etwas tun, was wir unseren verbieten. Es ist bloß eine Frage der Formulierung, und ob wir dabei in liebevollem Kontakt bleiben.

Tom Hodgkinson, britischer Autor und Herausgeber des Magazins *The Idler* (»Der Müßiggänger«), hat das zur Prämisse seines Buches *Leitfaden für faule Eltern* gemacht. Man könnte diesen Titel missverstehen, im Sinne von: Eltern werden hier dazu animiert, ihre Kinder zu vernachlässigen. Das Gegenteil ist der Fall. »Das Entscheidende am Elternsein ist nicht, was sie tun, sondern welche Beziehung sie zu ihrem Kind haben (…) Eine gewisse Dankbarkeit dafür, dass sie in unser Leben getreten sind, könnte ein guter Anfang sein.« Auf humorvolle Weise plädiert Hodgkinson dafür, den Kindern so viel Freiheit wie möglich zu lassen. So würden sie zu kreativen, selbständigen Wesen, die sich selber beschäftigen können. Hodgkinson erfindet das Rad nicht neu, er bezieht sich sehr stark auf eine Bewegung, die keinen deutschen Namen hat: »Slow Parenting«, die zurückhaltende Erziehung, die Erziehung der Einfachheit oder die Anti-Erziehung, bezeichnet ein Elternsein, bei dem man die Kinder nicht allzu viel zu lenken versucht. Man fährt sie nicht jeden Tag vom Flötenkurs zum Ballett und danach zur Logopädie. Man lässt eher geschehen und glänzt ansonsten durch Anwesenheit. Den Namen Slow Parenting muss man sich parallel zu »Slow Food« denken: Weniger ist mehr, und ganz in Ruhe die Zeit genießen ist das Programm.

In ihrer eigenen Zeit (und davon sollte es auch welche geben, wenn die Kinder ihre Freiheit zu nutzen gelernt haben) gehen die Eltern ihren Bedürfnissen nach: zum Beispiel Schlaf, Trinken, Sex, Essen, Ruhe … Alles irgendwie auch schon elterliche Privilegien, wenn man so will. Auf diese Weise gut versorgt, können die Eltern sich mit frischer Energie auf ihre Kinder einlassen. Und zwar wirklich voll und ganz einlassen! Es ist ein Unterschied, ob man sich mit offenem Blick und offenem Herzen dem Kind zuwendet oder, am Laptop arbeitend, etwas zur Seite murmelt. Zum Beispiel sollten Absprachen Absprachen sein und nicht militärisch durchgesetzte Anordnungen. Und sie sollten unbedingt etwas Spielerisches haben. So vermeidet man Widerspruch.

Wir haben zum Beispiel festgestellt, dass es den Jungs abends gut tut, sich noch einmal körperlich abzureagieren. Hinterher gehen sie dann auch williger zu Bett. Also schlagen wir ihnen vor, zu raufen oder noch einmal gemeinsam um den Block zu rennen. Das macht uns allen Spaß, die Kleinen sind einverstanden. Eine gute Kommunikation ist die Basis, damit das Zusammenleben mit so vielen Menschen gelingen kann.

Und was die Privilegien angeht, so gibt es davon ja viele. Ein Beispiel: Eine Bekannte lachte sich kaputt, als wir ihr erzählten, dass wir selber Schokolade essen, die aber vor den Kindern verstecken. Das fand sie einfach unglaublich. Ihre Tochter kann offenbar so maßvoll mit Süßigkeiten umgehen, dass sie sogar eine eigens dafür reservierte Schublade in ihrem Zimmer hat, in der sie das Zeug hortet. Das klappt bei uns nicht. Wir haben das einmal versucht. Die Jungs haben ihren Vorrat dann innerhalb eines Nachmittags komplett geplündert, sogar unter der Bettdecke haben wir später noch Stanniolpapier gefunden. Daher halten wir es anders.

Mit Quinn zum Beispiel backe ich gerne Kuchen, und nach der Schule oder der Kita gehen wir oft noch zum Bäcker und kaufen etwas Süßes. Weil Thomas und ich uns aber für die Gesundheit unserer Kinder verantwortlich fühlen, dosieren wir das Zeug so gut es eben geht.

So wie wir unseren Kindern Zeit zugestehen, in der sie tun und lassen können, was sie wollen, sofern es nicht lebensgefährlich ist, fordern wir diese dann auch für uns selbst. Vor allem am Abend wollen Thomas und ich, dass alle zeitig in den Betten verschwinden und auch nicht mehr außerhalb ihres Zimmers herumgeistern. Was wir nach acht Uhr machen, ist unsere Sache.

So weit unsere Wunschvorstellung. Doch eines Abends kam Leo noch mal aus dem Bett und schlich sich so leise an unser Wohnzimmer heran, dass wir es nicht bemerkten. Wir lagen auf dem Sofa, die Füße auf dem Couchtisch, guckten einen Actionfilm und aßen Chips aus der Packung. Alles Dinge, die wir den Kindern nie erlauben würden. »Aha!«, dröhnte Leo so laut, dass wir zusammenfuhren. Hektisch drückte Thomas die Pausetaste auf der Fernbedienung. »Spinnst du, Leo? Was soll das? Du sollst längst schlafen!«, empörte ich mich und eilte zur Tür, um ihn zurück ins Kinderzimmer zu schieben. »Da sitzen sie vor der Glotze und fressen Chips!«, höhnte Leo, die Worte »Glotze« und »fressen« betonte er besonders genüsslich.

Wir haben ihm was von den Chips aufgehoben. Die gab es am nächsten Tag zum Frühstück. »Na warte«, dachte ich mir dabei im Spaß. »Das nächste Mal stürme ich auch in die Toilette, wenn du mal wieder heimlich Zahnpasta an die Wände schmierst.«

Kapitel 8

»Kinder brauchen Grenzen.« *Thomas*

Erstens: Nein, Eltern brauchen Grenzen. Zweitens: Eltern brauchen keine Floskeln. Wie man sich vor dem Erziehungs-Blabla rettet.

Kinder brauchen Grenzen. Ein Satz wie Donnerhall: Wer diesen Spruch noch nicht gehört hat, sitzt entweder schon sehr lange abgeschnitten von der Außenwelt im Knast oder er hat die vergangenen fünfzehn Jahre als Eremit in den Anden verbracht.

Über 30 000 Treffer verzeichnet Google im deutschen Sprachraum, über fünfzig derzeit lieferbare Bücher tragen diese Phrase irgendwo im Titel. Gleich mehrere Wissenschaftler gehen mit diesem Satz auf Tour durch Interviews und Podiumsdiskussionen: der Pädagoge Jan-Uwe Rogge, der Psychologe Klaus Schneewind, die Sozialpädagogin Beate Weymann, die Beraterin Ursula Günster, der Theologe Peter Held. Wer damit angefangen hat, ist nicht mehr nachvollziehbar: Der Deutsche Kinderschutzbund, das Münchner Staatsinstitut für Frühpädagogik, die Caritas, das österreichische Institut für Sozialdienste, alle schreiben sich diese Aussage auf die Fahnen. Sie ist überall. Ganz unrecht haben diese Leute mit ihren Ideen nicht, aber sie vergessen eines – dass der Satz nämlich zur Floskel verkommen ist.

Nun könnte man einwenden, das sei doch mehr oder weniger dieselbe Sache, ob nun Eltern oder Kinder die Grenzen brauchen, nur mit einem etwas anderen Akzent. Stimmt – aber auf diese Akzentverschiebung kommt es an, sie ändert alles. Der Satz von den Grenzen hat außerdem einen interessanten Wandel hinter sich. Als ich beim Zivildienst mit behinderten Jugendlichen arbeitete, hieß es in der Sitzung mit der Leiterin immer, wenn es irgendwo Probleme gab: »Na ja, der oder die will halt damit seine Grenzen austesten.« Dennis, der manchmal andere biss. Sarah, die sich um Anweisungen nicht scherte. Christina, die manchmal einfach verschwand und sich ganz allein zu einem Spaziergang aufmachte.

Da hat sich doch manches geändert in den zwanzig Jahren seit damals: In der alten Wahrnehmung tat das Kind aktiv etwas, nämlich »Grenzen testen«. Das Prinzip Huckleberry Finn oder Michel aus Lönneberga. Heute nimmt man das umgedreht wahr und redet so darüber, als müssten die Eltern aktiv werden. Wenn Kinder »Grenzen brauchen«, dann muss sie ihnen wohl jemand geben.

Natürlich müssen die Eltern vorgeben, was nicht in Ordnung ist – selbst im konsequentesten antiautoritären Haushalt dürfen kleine Kinder nicht den Gasherd allein entzünden, nicht mit dem Auto losfahren und keinen Gin Fizz trinken. Das ist eine Selbstverständlichkeit, dazu braucht niemand einen Leitsatz. Der geheime Hintersinn von »Kinder brauchen Grenzen« ist, dass wieder einmal die Verantwortung für ein Problem bei den Eltern liegen soll. Wenn man extra betont, Kinder brauchen Grenzen, beklagt man natürlich, dass sie die oft nicht haben, und wer war's wieder, der sie ihnen angeblich nicht gegeben hat? Das schwingt in dem Spruch gleich mit: natürlich wir. Die Eltern. Deutschlands neuer Sündenbock.

Grüße von der schwarzen Pädagogik

Dabei gibt es gleich mehrere Gründe, warum der Satz auf den Müllhaufen der Geschichte gehört. Kinder brauchen keine Grenzen, wenn das – wie meistens – in erster Linie heißt, dass man sie domestizieren und ihnen Anpassung beibringen möchte. Außerdem versperrt der Satz den Blick auf das eigentliche Problem: Eltern brauchen ihre Grenzen, ihre Freiräume, ihren Platz – und nehmen sich das nicht. Das müssen sie aber unbedingt. Auch Eltern genießen Artenschutz.

Wir sind von einem Ausflug mit Freunden zurückgekommen und sitzen noch alle zusammen. Wir haben ein Schloss besucht, Grotten und Königsgräber gesehen, ein Film stellte eine Schlacht dar, und das miese Toilettenkonzept des Mittelalters wurde auch erläutert. Zum Abschluss haben wir Pappritter zum Ausschneiden gekauft. Die ohnehin schon aufgekratzten Kinder basteln diese nun samt ihren Pferdchen und brechen in infernalisches Geschrei aus. Wir Erwachsenen haben im Prinzip nur noch einen Gedanken im Kopf: Gehörschutz! Wo gibt es Gehörschutz?

Aber das ist natürlich keine Lösung. Jetzt würde klassischerweise jemand, vorzugsweise der Vater, auf den Tisch hauen und alles niederbrüllen. Allein schon um durchzukommen, müsste man ja noch lauter sein und auch, um sich bei den in Ekstase befindlichen fünf Kindern überhaupt nur bemerkbar zu machen.

Unsere Freundin Mia, die Mutter der anderen Familie, hat die richtige Idee. Laut, aber in einer Art lustigem Singsang, stimmt sie in den Lärm der Kinder ein und deklamiert: »Soooo, und jetzt geht das Kampfgetümmel OBEN weiter, in den OBEREN Räumen.« Sofort rasen fünf Ritter die Treppe hoch, und man kann sich am Küchentisch wieder unterhalten.

Das war die elegante Lösung mit Trick. Die andere Lösung wäre wohl gewesen, den Kindern klar zu machen, dass wir es gerne etwas leiser haben würden. Ohne Groll, bestimmt und klar, so wäre das in der idealen Welt abgelaufen.

Auf der Suche nach den eigenen Bedürfnissen

Denn wer hier seine Grenzen brauchte, waren die Eltern. Das Wort Grenzen ist schon wieder fast überflüssig: Wir Eltern wünschten uns etwas und mussten das klarmachen. Oft fällt es uns Erwachsenen ja schwer genug, die eigenen Bedürfnisse zu erkennen und dann für okay zu befinden. Man möchte immer für die Kinder da sein und vergisst sich dabei gern mal selbst. Nach einem langen Tag mit Schloss und Gruft und Busfahrt hin und her darf es gern ein wenig ruhigen Freiraum für die Großen geben, selbst wenn der nur eine halbe Stunde und ein halbes Bier umfasst.

Die Popularität des Spruchs »Kinder brauchen Grenzen« rührt auch daher, dass es uns Eltern heute offenbar ein wenig schwer fällt, zu erkennen, wann wir etwas brauchen und was genau das ist.

In Deutschlands hoch frequentierten Internetforen für Mütter gibt es immer wieder mal einen Mann, der sich zu Wort meldet und Dinge sagt, wie: Ich werde Vater, aber ich habe Angst davor, ich möchte doch auch weiterhin noch mal in die Kneipe gehen oder mit meinen Kumpels segeln oder einfach einen Egoshooter durchspielen. Dann fallen regelmäßig die mitlesenden Mütter über ihn her mit Sätzen wie:

Werd endlich erwachsen, du hast jetzt eine wichtigere Aufgabe, bla, bla.

Aber das ist falsch. Mütter und Väter müssen ihre Wünsche im Auge behalten, wie die schmerzliche Erfahrung zeigt. Andernfalls drohen Wutausbrüche, Trennungen, Magengeschwüre. Und den Kindern macht es auch keinen Spaß, wenn Mama oder Papa immer mit Runzeln auf der Stirn dasitzen, weil sie irgendwie nicht ganz zufrieden sind mit sich und der Gesamtsituation. Der atemberaubend erfolgreiche Elternratgeber-Autor Michael Winterhoff hat im Zentrum seiner kleinen Theorie über moderne Eltern genau diese Behauptung stehen: Wir Eltern schaffen es nicht mehr, uns mal vom Kind zu distanzieren, zu sehen, dass es eine Person ist und Mama und Papa eine andere, und dass wir alle mit Diskrepanzen und Trennendem klarkommen können (Verbote, Schlafenszeit, Mama und Papa wollen allein sein etc.).

Das heißt nicht, dass man sich von einem Psychologen im Fernsehen mit erhobenem Zeigefinger belehren lässt, schlucken muss und dann alles klappt. Da folgt ja auf die Demütigung, dass man mit seinem Kind in bestimmten Situationen nicht gut klarkommt, auf einmal eine zweite Demütigung, nämlich dass ein sogenannter Experte einem von der Mattscheibe herab erklärt, warum man so bescheuert und unvollkommen sei.

Nein – es wird schon immer mal wieder nicht klappen, Eltern sein heißt scheitern lernen.

Eine Freundin, die ihr Kind in der gleichen Kita hat wie ich, erzählt mir bei einem Plausch vor der Tür, sie leide immer so schrecklich mit, wenn sie der kleinen Antonia etwas verboten hat und ihre Tochter dann hinterher so traurig ist. Ich fühle mich ertappt. Hat sie meine Gedanken und Gefühle erraten? Ich würde meinen Kindern am liebsten all ihre bizarren Wünsche erfüllen: ferngesteuerter Hubschrauber mit vier Rotoren, einen Papierballon, der brennt und in den Himmel steigt, nachts ins Schwimmbad gehen und abends zwischen acht und neun den gesamten *Jim Knopf* vorlesen.

Dann aber fallen mir beim abendlichen Vorlesen fast die Augen zu, und ich fühle mich schuldig, wenn Julia ruft, dass wir beide doch noch zusammen auf dem Sofa sitzen wollten.

Das ist die wahre Crux an einem anderen beliebten Klischeesatz: »Für meine Kinder will ich nur das Beste!« Denn das Beste *kann* ich ihnen gar nicht geben – es würde heißen, dass ich mich selbst ganz und gar aufgebe und für sie ackere wie ein Shaolin-Mönch in der Ausbildung. (Wie ein Shaolin fühlen Eltern sich am Anfang sowieso. Ich meine diese chinesischen Buddhisten, die jeden Tag um halb sechs aufstehen, acht Stunden lang Kampfkunst, Dauerlauf, Liegestütz, ein bisschen Meditation und dann wieder Zirkeltraining machen und denen Sex und Alkohol verboten sind.) Und ob das dann für sie noch so gut wäre, sei auch dahingestellt.

Die Freundin aus der Kita war sogar bei der Erziehungsberatung wegen ihres Mitleids, das sie daran hindert, Verbote auszusprechen. Dort hörte sie als Erstes: »Machen Sie sich davon frei. Da muss man durch!« Wir müssen offenbar lernen, unsere Rolle als die Erwachsenen im Haus anzunehmen. Das ist aber etwas ganz anderes, als eine Terrorherrschaft der Maßregeln und Bestrafungen zu errichten.

Ein Skiurlaub mit Angst und Schrecken

Julia hat mir schon ein paarmal die Geschichte von den drei Skiferien ihrer Kindheit erzählt. Die erste und die zweite waren schrecklich, noch heute denkt meine Frau mit Angst an sie zurück. Denn der Skilehrer und Reiseleiter ihrer kleinen Gruppe von Zehnjährigen, ein alter Sack namens Franz, war streng. Sehr streng. Sie denkt an ihn, wenn sie auf den Star-Wars-Karten unserer Söhne heute die mit dem Imperator sieht. Einmal beobachtete sie, wie der alte Franz ein anderes Mädchen aus der Gruppe über den Flur zerrte. Ein weinendes Mädchen, das er mit den kühlen Worten »Du wusstest es, ich habe es gesagt« in den Essraum bugsierte: Die Delinquentin war im falschen Zimmer gewesen, hatte abends noch mit Freundinnen auf deren Bett geplaudert und musste nun zur Strafe dafür unter einem der massiven Esstische im kalten Speisesaal schlafen.

Morgens musste man um acht antreten zum Skilaufen, zu spät kommen wurde nicht toleriert, Julia stand den ganzen Tag lang voller Angst auf den Brettern. All der Drill hat ihr die Freude an der Sache gehörig verdorben.

Als eine der größten Niederlagen ihres jungen Lebens sieht sie bis heute, dass sie im nächsten Jahr noch ein zweites Mal mit dem verhassten Einpeitscher mitgefahren ist. »Als meine Eltern mich für die Reise anmeldeten, hab ich mich einfach nicht getraut, zu sagen, dass es für mich eine Qual sein wird«, erklärt sie mir. Meine Frau jedenfalls schien, noch bevor sie überhaupt Teenager wurde, sowohl für das Skilaufen als auch das Prinzip Ferienlager ganz verloren.

Aber dann ist ein Wunder geschehen. Julia fuhr doch noch ein drittes Mal in die Berge, mit einem anderen Reiseanbieter. Plötzlich war alles ganz anders. Die Kinder *mussten* nicht auf die Piste, sie durften. Wer mal müde war oder schlechte Laune hatte, durfte im Bett bleiben, notfalls den ganzen Tag. Doch niemand aus der Gruppe hat dieses Angebot in zwei langen Wochen jemals wahrgenommen, die Stimmung war einfach viel zu schön, um nicht mitzugehen. Morgens wurde man nicht mit geschnarrten Anweisungen geweckt, sondern mit Musik von Billy Joel. Einmal ist Julia zu spät zum Frühstück runtergegangen. Da stand noch ein Eierbecherchen, die nette Köchin fragte, was sie ihr noch bringen dürfe. Die Gruppendisziplin, berichtet Julia, war bei dieser dritten Fahrt viel höher als bei den anderen beiden – man half sich gegenseitig, alles klappte immer, alle Ski und alle Stiefel waren immer rechtzeitig und sauber im Schrank, und niemand hat Angst und Schrecken dabei empfunden.

Der Satz von den Grenzen verwischt den Unterschied zwischen Regeln finden und aufrechterhalten und Zwang ausüben. Was soll das überhaupt sein, Grenzen? Ist es nicht vielleicht eher so: Ein echter, menschlich naher Kontakt zwischen Eltern und Kind muss aufrichtig sein und alle Gefühle miteinbeziehen, auch wenn die mir als Vater vielleicht mal unangenehm sind. Ich fühle mich ignoriert und allein gelassen, wenn sie draußen auf dem Spielplatz lachen und weglaufen, obwohl ich gerade sagte: »Es wird Abend, wir müssen los.« Natürlich hätten wir noch fünf Minuten Zeit, aber ich möchte nicht so behandelt werden. Manchen Eltern ist das vielleicht egal, mir nicht. Grenzen sind eben sehr individuell. Auch das müssen Kinder lernen. Für den einen ist dies noch okay, für den anderen nicht mehr. Julia möchte abends ihre Ruhe, ich möchte halbwegs gesittet am Tisch essen. Eigentlich scheint es mir so, als wenn sogar viele Erwachsene das noch lernen müssen: Liebevoller, fairer Umgang miteinander wird nie so funktionieren, dass man ein starres Regelwerk befolgt. Einige möchten höflich mit Handschlag begrüßt werden, andere lieben es, wenn sie »Hey crazy motherfucker« zu hören bekommen, weil sie sich dann cool fühlen.

Wenn einem das alles zu riskant ist, weil es zu viel Offenheit und auch mal emotionale Diskussionen verlangt, dann kann man sich prächtig hinter Sätzen wie »Das tut man nicht«, »Das gehört sich nicht«, »Das darf man eben nicht« verstecken. Letztlich müssen die Kinder dann später noch einmal neu lernen, warum sie bestimmte Dinge nicht tun sollten. Denn dass es neben dem »Man tut das nicht« einen guten Grund dafür gibt, hat man dann klarzumachen versäumt. Unsere Kinder haben nicht verstehen wollen, warum wir das Herumwerfen von Essen hassen. Erst als wir sie dann selbst den Tisch decken und hinterher spülen ließen, wurde alles besser. Das Geschirr war nicht ganz sauber, und sie hatten aus dem Abspülen einen großen Spaß mit viel Schaum gemacht. Aber sie hatten auch gelernt, dass es Arbeit macht.

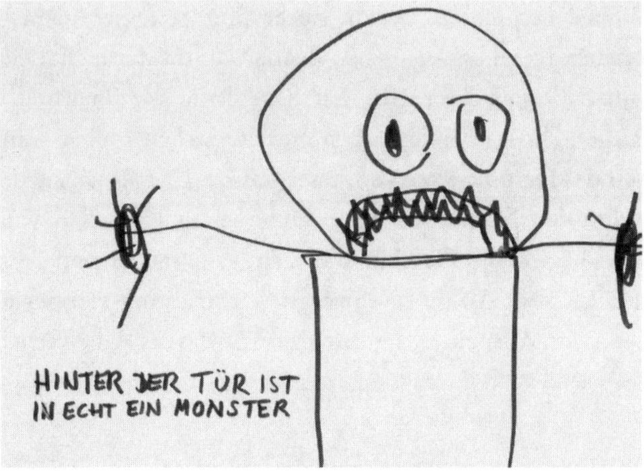

Schild am Wohnungseingang, zur Abschreckung von »Räubern«. Die Beschriftung »Hinter der Tür ist in echt ein Monster« mussten wir Eltern im Auftrag von Quinn vornehmen. Später wird ein Nachbar anonym dazuschreiben: »Wirklich nur eines?«

Kapitel 9

»Das tut man nicht!« *Julia*

Doch. Aber das macht nichts. Über den korrekten Umgang mit kindlichen Gewaltphantasien.

Nachmittags, als ich Quinn aus der Kita abhole, sagt er: »Ich habe heute wieder die Lili gejagt.« Mit stolzgeschwellter Brust fügt er hinzu: »Ich habe die Lili gekratzt und gehauen.« Da horcht die besorgte Mutter in mir auf. Was ist mit meinem Sohn los? Bisher war er doch so friedlich und spielte stets still und vergnügt. Und jetzt dieser Ausbruch von Rohheit! Meine Nachfragen, warum er das tue und warum er sich ausgerechnet dieses Mädchen als Ziel seiner Jagdgelüste ausgesucht habe, beantwortet er lakonisch: »Ich will halt die Lili jagen.« Aha.

Ich versetze mich kurz mal in meine eigene Kindheit zurück. Da fand ich auch aus ganz unspektakulären Gründen bestimmte Kinder doof. Weil sie schiefe Zähne hatten, Strickhosen trugen oder einfach weil alle meine Freunde sie auch doof fanden. Dennoch: In Zeiten, da man wegen Diskriminierung am Arbeitsplatz locker Klagen gewinnt und Prominente einen von Werbeplakaten herab fixieren, um zu verkünden: »Ich bin schwarz, schwul und Jude«, klingeln da natürlich alle erzieherischen Alarmglocken. »Das geht gar nicht!«, sagt man da laut zu sich selbst. Das eigene Kind ein Hassprediger? Ein fieser Autokrat, der nach Gutdünken Menschen in Jäger und Gejagte unterteilt? Niemals. Selbst in Leos Schule wird der Slogan »Jeder ist anders« auf hauseigene T-Shirts gedruckt und zu Beginn jeden Schuljahres mit reißendem Absatz verkauft.

Aber was soll man machen: Wenn die Kleinen jemanden nicht mögen, wollen sie ihn mindestens tot sehen. Aus irgendeinem wahrscheinlich völlig banalen Grund hat sich Quinn offenbar in Lilis Rocksaum verbissen.

Thomas und ich versuchen es mit einem vernünftigen Gespräch. Vernünftige Erwachsenengespräche gehen so: »Aber was hat dir die Lili denn getan?«, »Guck mal, die ist bestimmt ganz traurig jetzt«. Quinn geht mitten im Satz weg, um sich sein Plastik-Raumschiff aus dem Kinderzimmer zu holen und damit lautstark durch den Flur zu rauschen: »Brrrrrr, nääääääähhhh!« Die Ignoranz-Nummer mögen Eltern gar nicht, wenn sie versuchen, den Kindern wichtige Dinge fürs Leben zu vermitteln. »Jetzt mal im Ernst, Quinn!«, donnert mein Gatte. Und ich: »Quinn, so was tut man nicht!« Da dreht sich der Kleine um, guckt uns direkt ins Gesicht und sagt klar und deutlich: »Ihr sagt mir gar nix. Ich will die Lili jagen.«

Ich starte einen neuen Versuch: »Quinn, du darfst Lili nicht hauen, das tut ja weh.« – »Aber Papa hat mich heute morgen auch gehauen.« – »Nein, er hat dich nicht gehauen, Quinn. Er hat dich nur festgehalten, als du Legosteine geschmissen hast.« – »Doch, Papa hat mich gehauen. Papa hat mich gehauen!« – »Nein.« – »Doch.« Und so weiter. Im Gegensatz zu mir besitzt Quinn Zähigkeit und Ausdauer eines Marathonläufers. Nach dem fünften »doch« strecke ich die Waffen und ziehe mich aus dem Kinderzimmer zurück. Mit letzter Kraft rufe ich ein »In zehn Minuten ist Bettzeit!« hinein. »Nein«, schallt es zurück. Verdammt, es kann und es darf nicht sein, dass mich, die ich sogar mal ein Semester lang im Debattierclub partizipiert habe, ein fünfjähriger Rotzbengel in Grund und Boden filibustert. Aber da sind wir rhetorisch schon gar nicht mehr so weit vom »Das tut man nicht« entfernt. Doch, tut man. Doch, es darf sein, signalisiert Quinn sehr deutlich.

Herr Köhler lässt grüßen

»So was tut man nicht!« Argumentativ kann man sich nicht besser aus dem Staub machen als mit diesem Satz. Denn er erklärt, wie Quinn schon richtig erfasst hat, nicht viel. Das dubiose »man« verweist auf eine irgendwo zu vermutende Moralinstanz (die Gesellschaft? Welche? Die Nachbarn?) und lenkt davon ab, einfach zu sagen: »*Ich* will nicht, dass du so was tust! Und zwar aus diesem und jenem Grund.« Dennoch wird der Satz immer mal wieder aus der Klamottenkiste geholt, ganz pressewirksam zum Beispiel von unserem Bundespräsidenten a.D. Horst Köhler, als er im Jahre 2009 mehr Verantwortung von den Banken einforderte: »Was vielen abhanden gekommen ist, das ist die Haltung: So was tut man nicht.«

Als ich eines Tages mit Quinn in der Garderobe der Kita sitze, höre ich zwei Bänke weiter den Namen »Lili«. Reflexartig ducke ich mich hinter den Batterien von Jacken und Fahrradhelmen, die in einer Reihe an bunten Haken hängen. Da steht Lilis Mutter im Gang. Mich beschleichen die schlimmsten Befürchtungen. Wer weiß, was die arme Kleine zu Hause alles von dem bösen, bösen Quinn erzählt hat, unter dem sie jeden Tag so fürchterlich zu leiden hat.

Bevor ich ihn aufhalten kann, springt mein Sohn los, packt Lili bei den Schultern und fletscht die Zähne. Das Mädchen macht Krallenfinger und faucht zurück. Ich traue meinen Augen nicht. Beide schubsen sich und lachen lauthals. Dann flitzen sie im Kreisverkehr durch den Essensraum, das Bad und zurück in die Garderobe.

Na gut. Ich habe mal wieder was dazugelernt, das gebe ich unumwunden zu. Ich hatte mir einfach nicht die Mühe gemacht, einmal darüber nachzudenken, was mir Quinn da von seiner Kita-Freundin erzählt. Dass es sich um ein Spiel handeln könnte, kam mir gar nicht in den Sinn. Fast schon reflexhaft habe ich versucht, dem friedvollen Umgang miteinander eine Bresche zu schlagen, ausgerechnet da, wo es gar nicht nötig war. Und: Ist das überhaupt nötig?

Das Problem könnte sein: Wir modernen Eltern haben höllische Angst vor Aggressionen und Wut, wir versuchen sie ständig zu vermeiden und zu verhindern. Das ist aber vermutlich gar nicht so schlau.

Wut tut gut

Der dänische Familientherapeut Jesper Juul bescheinigt uns Eltern, Pädagogen und Erziehern ein Aggressions-Tabu und plädiert dafür, Aggressionen wieder ins Familienleben hereinzuholen. Sie gehörten zum Leben dazu. Wenn es zwischen den Kindern kracht, rät er, sich so wenig einzumischen wie nötig. Kinder würden sonst nicht lernen, dass sie selbst für die Art und Weise verantwortlich sind, wie sie mit ihren Konflikten umgehen. Wenn Eltern den Lärm, der dabei entsteht, nicht mehr aushalten, empfiehlt Juul einen Spaziergang an der frischen Luft oder den Rückzug ins eigene Zimmer. »Das ist dein Recht, und damit fügst du den Kindern keinen Schaden zu. Wenn aber das jüngere Kind blutet, wenn du zurückkommst? Umarme es, küss es und verbinde es!«

So viel und so wenig. Jesper, du coole Sau! Im Übrigen soll man sich entscheiden, ob einem irgendwelche Moralvorstellungen oder das Kind wichtiger sind. Wenn es Letzteres ist, dann sind seiner Meinung nach die Erkenntnisse, die wir als Eltern aus dem Familienalltag ziehen, und die Rückmeldungen des Kindes entscheidend.

Offensichtlich hatte ich mit Quinn gar keinen Dialog geführt. Wir haben ein paarmal unsere Position bekräftigt (»Das tut man nicht!« – »Doch!«), und mehr ist dabei nicht herausgekommen. Vielleicht hätte ich mir selber einen Überblick über die Lage verschaffen sollen, bevor ich das Gespräch mit Anschuldigungen eröffne.

Für uns Eltern ist das manchmal schwer zu akzeptieren. Aber nicht jedes auffällige Verhalten weist gleich auf einen Werdegang als Außenseiter oder potenzieller Amokläufer hin. Und was ist bei einem Fünfjährigen schon »auffällig«? Dass er sich einen Waffenschrank mit selbst gebastelten Pappschwertern anlegt und von blutrünstigen Monstern phantasiert?

Mein Mann und ich sind da sehr unterschiedlicher Auffassung. Wie oft hat Thomas mich schon mit den Worten beruhigt: »Alle kleinen Jungs machen das, kenn ich von mir selbst.« Kleine Kinder sind süß und anschmiegsam und grausam. Damit muss man klarkommen. Leo zum Beispiel wünschte sich zu seinem sechsten Geburtstag martialisches Star-Wars-Spielzeug aus Lego und – ein Kuschelkätzchen.

Viele Erwachsene kommen gerade mit sehr aktiven, lauten und bewegungsfreudigen Jungen nicht klar, hört man immer mal wieder von Freunden. In einem Schulhort wird nachmittags ein Programm angeboten, das sich ausschließlich an Mädchen richtet: Basteln mit Perlen zum Beispiel. Eine Bekannte, die ihren Sohn dort betreuen ließ, fragte sich zu Recht: Gibt es auch irgendwas mit Toben? Kurz darauf wechselten sie die Einrichtung. Auch unsere Freundin Maren nahm ihren Sohn aus der Kita, weil sie das Gefühl hatte, dass der Erzieherin der Umgang mit den Jungs in ihrer Gruppe schlichtweg zu anstrengend sei. Ihr Kind, ein quicklebendiger, sozialer, aufgeweckter Junge von fünf Jahren, würde es spüren, dass sein Verhalten nicht erwünscht sei, und deshalb überhaupt nicht gerne dorthin gehen.

Die Klaviatur kindlicher Emotionen ist äußerst vielfältig: In der Schule zeigt mir Mario, ein Junge aus Leos Klasse, seine neueste Errungenschaft: einen türkisfarbenen Lederbeutel, den er wie ein Schatzkästlein am Gürtel trägt. Daraus holt er einen rosafarbenen Salzstein hervor und ist irre stolz. Mein ehrliches Entzücken wird unterbrochen durch penetrante »Ischischisch«-Geräusche. Neben uns feuert Jannis eine imaginäre Bazooka ab, ein paar Meter weiter wird über Sprengtechniken und TNT gefachsimpelt.

Kürzlich ruft mich Quinn in den Hof unseres Hauses. Frühlingshafte Sonnenstrahlen sind durchgebrochen, draußen sieht man die ersten Triebe an den Büschen, mein Herz öffnet sich. Und da sitzt der kleine Süße auf dem gepflasterten Boden und ist begeistert: »Mama, schau! Eine Kellerassel!« Ach ja, wie schön. Versonnen hocken wir nebeneinander, beobachten das lustige Klettern und Krabbeln des kleinen Geschöpfes und freuen uns am Wiedererwachen der Natur. Verzückt sinniere ich noch über Quinns kindliche Mischung aus Forschergeist und Zuwendung. Da hebt der Kleine seinen Fuß, stampft dreimal heftig auf, wirft mir einen triumphierenden Blick zu und ruft: »Tot! Tot!« Ich überlege, ob ich kurz weggucke, doch dann übernimmt die Buddhistin in mir. Also rufe ich: »Quinn, lass das, die Assel will doch auch leben!« Was Schlaueres ist mir in dem Moment einfach nicht eingefallen, um etwas Empathie zu wecken.

High Noon mit Uroma

Jeder Mensch hat aggressive Seiten. Bei Kindern zeigen sie sich noch völlig unkontrolliert, und das kann wunderbar befreiend sein. Mir fällt wieder ein, wie ich als Fünfjährige beim Cowboyspielen meiner Uroma befahl, mich jetzt bitte sofort zu erschießen. Sie zögerte. Immerhin hatte die alte Frau, damals fast neunzig Jahre alt, zwei Weltkriege überlebt. »Na los, mach schon«, brüllte ich. Ich wollte mich endlich ins Gras werfen und im Todeskampf dramatisch herumwälzen. Nach einer gefühlt endlosen Zeit hob sie langsam ihren Krückstock, guckte noch mal unsicher nach rechts und links (hätte ja sein können, dass meine Mutter um die Ecke kommt) und schoss schüchtern aus der Hüfte. Endlich durfte ich fallen. Meine Mutter hat es übrigens doch gesehen und das unerhörte Geschehen auf Super-8-Film dokumentiert.

Das bedeutet lebenslänglich für Uroma. Der Film ist heute noch der Renner bei Familienfeiern. Das Cowboyspielen hat mich nicht zu einer Massenmörderin gemacht. Ich denke, ich liebte einfach das Drama, die Pose, die mit all dem zusammenhing, und die ich aus Western kannte. Kinder können ganz gut zwischen Spiel und Realität unterscheiden.

Unübertroffen bleibt indes Thomas' Opa, der jahrelang im KZ war und dann später völlig bedenkenlos seinen Enkeln ein Plastik-MG schenkte. Im Gegensatz zu den entsetzten Eltern fanden die Kleinen das toll. Das Ungetüm konnte nämlich richtig knattern und Funken sprühen. Thomas schwärmt heute noch davon. Mensch, Opa, werden sich Thomas' Eltern gedacht haben: Das tut man nicht!

Übrigens: Was Lilis Mama über Quinn denkt, weiß ich bis heute nicht. Ich sehe sie selten, und wenn sie zufällig neben mir steht, tue ich so, als ob nichts wäre. Ich bin ja nicht für jede Entgleisung meines Sohnes verantwortlich.

Sehe ich angespannte Eltern auf dem Spielplatz in der Nähe meiner Kinder sitzen und schon zum Sprung ansetzen, weil sie um das Wohl ihrer Zöglinge fürchten, verstecke ich mich hinter einer Zeitung. Besser so, denke ich, als die Kinder immer nur zu bremsen, wie es zum Beispiel die Mama von Leon macht. Sie entschuldigt sich quasi auf Schritt und Tritt für ihren Sohn. Wie das Precrime-Institut aus dem Film *Minority Report* mit Tom Cruise. Und wenn es Streit gibt, dann ist immer Leon schuld gewesen und muss sich Vorträge über gutes, gerechtes Verhalten anhören: »Leon, nicht hauen!«, mahnt seine Mutter zum Beispiel, vielleicht, weil ich gerade daneben stehe, und hält eine für meine Begriffe ausufernde Standpauke. Dabei hat Quinn ihn zuvor kräftig an den Haaren gerissen.

Sehen wir der Sache ins Auge. Liebevoll gehütete Salzsteine sind mir persönlich auch lieber als die Bazooka. Aber wer hat mich schon gefragt?

Kapitel 10

»Gegessen wird, was auf den Tisch kommt.« *Thomas*

Wäre schön, aber Zwang bringt nichts. Wie man mit dem Reizthema Essen fertig wird und sogar noch Freude an der familiären Nahrungsaufnahme findet.

Als ich kürzlich mal wieder ganz in der Rolle des modernen Familienvaters aufging, band ich mir eine Schürze um. Ich hatte einen Gourmet-Anfall, ich war zum Kochen inspiriert. Schon auf dem Weg nach Hause waren mir kulinarische Ideen gekommen. Eine Salatsoße aus Kokosmilch, Olivenöl und Wasabi müsste man mal machen! Schnell hatte ich alle Zutaten eingekauft. Ausgefallene Salate. Exotische Nüsse. Rote Beete. Vielleicht passt dazu ein Club-Sandwich, hatte ich mir dann noch überlegt, vegetarisch, mit Senf. Die Kinder bekommen ein Spiegelei auf einer kleinen Schicht Tomatenmark. Nicht jedes Toastbrot bietet sich an. Dunkel muss es sein, aber nicht mit Vollkorn. Und so weiter.

Solche Sachen malte ich mir aus, kaufte alles Nötige und stellte mich zu Hause mit der bereits erwähnten Schürze über eine Stunde lang in die Küche, um mein Essen aufwendig zuzubereiten. Ich briet Nüsschen an, karamellisierte sie, schlug die Kokosmilch so lange mit dem Mixer, bis sie die richtige

Konsistenz hatte, probierte Öle und schnitt die Cherry-Tomaten so fein, dass man hindurchgucken konnte. Ich verglich seltene Sirupsorten. Dann zitierte ich stolz die Familie an den Tisch. Zur Feier des Tages und unseres ersten spontan einberufenen Gourmet-Festivals hatte ich den Jungs auch große weiße Erwachsenenteller mit Serviette hingestellt. Die erste fertige Portion – schön drapiert, mittig durchgeschnitten das hohe Toastsandwich, Salat daneben – ging an den Erstgeborenen. Hallo, na – hier – bitte!

Ohne überhaupt einmal richtig hinzusehen, schrie Leo: »Weg mit dem Kram! Ich will nur Ei! Viel Ei! Und kein Gemüse, das will ich nicht. Und dann will ich noch ein Müsli dazu!«

Das müssen die Momente sein, in denen der Klischeesatz aufkam, dass kleine Kinder heute »Tyrannen« geworden sind. Ich kenne noch aus eigener Erfahrung die Regel, dass man seinen Teller leer essen muss und auch nicht an dem mäkeln darf, was draufliegt. In meinem Elternhaus war man da zum Glück schon modern. Aber man aß ja manchmal woanders, bei Freunden, Verwandten, Bekannten. Ich erinnere mich noch an ein paar mühevoll runtergeschlungene Mahlzeiten, auch wenn meine Eltern damit nicht streng waren – anders als die Generation vor ihnen, die Omas, Großtanten und Konsorten.

Wir denken intensiv über gesunde Ernährung nach und müssen uns parallel dazu gegen die immer ausgefeilteren Lügen der Lebensmittelkonzerne wehren. Angeblich gesunde Frühstücksmischungen enthalten weit über 50 Prozent Zucker, und wenn in die fettige und süße Schokolade noch ein bisschen billiges Milchpulver gekippt wird, nennt man das die »Extraportion Milch« und suggeriert, es sei gesund. Alles am Thema Essen scheint schwierig. Die Bio-Ernährung gilt manchen als der neue Weg, andere klagen, sie sei zu teuer. Die Fleischskandale jagen einander. Einzelne Stoffe gelten als ungünstig, mal Laktose, mal Gluten. Wir Erwachsenen sind verwirrt. Julia und ich haben es auch versucht, unser erster Plan war, die Kinder gesund und vorbildlich zu ernähren. Nur stopfen die sich leider lustig rein, was sie wollen. Und sie wollen kein Vollkornbrot, keine Schwarzwurzeln und keine seltenen, aber nährstoffreichen Sprossen.

Papa Bocuse läuft kläglich auf

Haarsträubende Erlebnisse mit Essen – das ergibt eine Anekdotensammlung, mit der Eltern ganze Aktenordner füllen können. Ein anderes aktuelles Erlebnis geht so: Ich liege auf dem Sofa und döse. Im Halbschlaf höre ich die teuflischen Pläne meiner beiden Söhne. Leo flüstert: »Wir stecken Papa eine Hühnerkeule in den Mund!« Quinn ergänzt: »Und Käse. Viel Käse.«

Seit kurzem esse ich vegan. Das klingt spektakulärer, als es ist. Ich habe erst ein veganes Rezept in einer Zeitschrift gesehen, habe es nachgekocht und fand es lecker. Also blieb ich aus Spaß dabei. Seitdem habe ich eine Menge Produkte kennengelernt, die mir bis dato unbekannt waren: Seitan, Mandelmus, Apfeldicksaft. Ich ernähre mich zum ersten Mal bewusst.

Nach wie vor gilt bei uns zu Hause: Jeder soll essen, was er mag. Soll heißen: Wenn meine Kinder mal eine Salami wollen, habe ich kein Problem, sie ihnen zu kaufen. Obwohl ich selbst Wurst nicht besonders ansprechend finde. Alle sollen es machen, wie sie wollen, und mich in Ruhe lassen.

Während ich in diesem Punkt gern der antiideologische (ehrlich gesagt aber bloß: faule) Vater bin, führt Julia intensive Gespräche mit unserem großen Sohn Leo. Als wir zum Einkaufen unterwegs sind, wo er unbedingt Eier erstehen will, auf die er sich schon lange freut, erklärt sie, wie Hühner gehalten werden. »Ich mag das nicht gern sehen, wie die Tiere leben«, sagt sie, »und kaufe die Eier nicht im Supermarkt, höchstens im Bioladen.« Ich frage mich, ob der Junge das versteht und ob er wirklich damit konfrontiert werden muss. Aber ich halte den Mund. Julia kommt wohl auch ins Grübeln und ruft irgendwann: »Jetzt ist aber Schluss mit dem Gerede über Hühner, jetzt holen wir dir einfach deine Eier!« Leo widerspricht: »Nein! Ich möchte noch viel mehr über Hühner hören. Erklär mir das alles.« Später zu Hause malt er Hühner in einem Käfig. Und meint: »Ich finde es auch nicht so gut, wenn die Hühner nicht schön herumflattern können. Aber ich mag Eier eben so gern!« Mir gefällt das, sein Level an Problematisierung ist schon jetzt höher als der des Durchschnittsdeutschen. Und ich brate ihm auch gern seine Spiegeleier.

Es macht mir Spaß, seine Bedürfnisse zu akzeptieren, statt gegen sie zu arbeiten. Mir scheint, der Kampf gegen das natürliche Wollen des Kindes war jahrzehntelang, bis heute vielleicht, die übliche Erziehungsstrategie. Iss deinen Spinat auf, hau rein, damit du groß und stark wirst, trink zwei Liter am Tag, bla, bla, bla. Als könne der Körper nicht selbst fühlen, was er braucht. So sind wir Erwachsene geworden, die ihre Ernährung selbst nicht im Griff haben. (Etwa vier Millionen Deutsche haben Untergewicht, viele davon aufgrund einer Essstörung, und die Hälfte der Erwachsenen ist übergewichtig.) Daher müssen wir Eltern heute etwas anders machen. Vermutlich: nicht mehr so viel darüber reden. Vielleicht sogar gar nicht.

Die Freiheit, zu essen, was man möchte, ist ein schönes Recht, das im Grundgesetz leider vergessen wurde. Bei uns zu Hause herrscht Ess-Freiheit. Wenn wir darauf pochen, liegt das daran, dass wir als Kinder und Jugendliche unerfreuliche Erfahrungen gemacht haben.

Das Essen, der Zankapfel zwischen den Generationen

Essen war insbesondere zwischen den Generationen lange Zeit ein Konfliktherd. Man könnte auch sagen, die Nahrungsaufnahme ist ein Hebel, mit dem Eltern nachhaltig in das Leben ihres Nachwuchses eingreifen.

Das wurde mir mit fünfzehn erstmals klar. Ich hatte meinen neuen besten Freund besucht. Richard war witzig und intellektuell, und er hatte den scharfen Blick eines Menschen, der nicht ganz anerkannt ist als cooler Typ. Und er hatte noch ein Problem: Er war ein Pummelchen. Er hatte genau jene zehn Kilo Übergewicht, die einen Mann nicht dick, sondern lustig aussehen lassen. Das öffnete in der Schule Tür und Tor für intensives Hänseln. Schließlich dachten alle, der kann es ab. Sein Spitzname war Porsche gewesen, weil er schon als Autonarr aufs Gymnasium kam, aber die meisten veränderten den bald und nannten ihn »Pork-Chop«, wie das fettige, kotelett-ähnliche Gericht. Sogar unser Sportlehrer ließ ihn beim Zirkeltraining besonders gern unter Bänken hindurchkriechen und lachte ihn öffentlich aus. Als ich also zum ersten Mal bei Richard zu Hause saß, mit ihm altklug über die Unterschiede zwischen Schach und dem japanischen Brettspiel Go fachsimpelte und ein bisschen auch über die Mädchen unserer Klasse, kam plötzlich seine Mama rein. Auf einem großen Teller servierte sie uns sechs geschmierte Stullen mit Schinken und Käse sowie zwei Eisbomben in der Form und

Größe dessen, was damals noch Negerkuss hieß. Ich ließ es mir schmecken, war aber stark befremdet. In dem Alter hatten normalerweise sowohl wir als auch unsere Eltern die Lust auf diese Art von Fürsorge verloren. Bei Richard dagegen wurde gegessen, selbst wenn er keinen Hunger hatte. Die Nahrungsaufnahme war heilig in seiner Familie.

Übrigens hat Richard seit dem Tag, an dem er aus seinem Elternhaus auszog, stark abgenommen und immer nur die Anzuggröße 48 getragen. Als er aus dem Zusammenhang von Bemuttern und Futtern heraustrat, waren Dickerchen und Pork-Chop Vergangenheit.

Zwischen uns und unseren Eltern war Essen schon immer ein Reizthema. »Essen ist fertig«, riefen unsere Mütter um zwölf Uhr mittags, und spätestens dann regten sich bei uns als Teenager die ersten Fluchtreflexe. Der Running Gag zwischen meiner Schwiegermutter und mir ist ihr vielbesungener »Gemüseauflauf«, der praktisch nur aus Hackfleisch besteht. Ich hatte bei einem unserer ersten Treffen erwähnt, dass ich kein Fleisch esse. Das fand sie nicht problematisch. Kurz darauf brachte sie eine gigantische Teflonpfanne herein, in der es lustig schmurgelte. Darin: Hack, Hack und nochmals Hack. Das Gemüse musste man mit der Lupe suchen. Doch meine Schwiegermutter ist immer noch der festen Überzeugung, dass ihr Auflauf vegetarisch sei.

Auf der Jagd nach den süßen Globuli

Man hat es nicht leicht mit den Eltern, das wissen wir also längst selbst. Mein Bekannter Livio erzählt mir von einer Art Zwangsneurose seiner Kindheit. Er ist heute längst Ende dreißig und ein ganz normales, funktionierendes Mitglied der Gesellschaft. Als Achtjähriger aber lebte er mit seinen Eltern in einer Art Landkommune, im berühmten Wendland, jener schönen Gegend Niedersachsens, in der sich in den siebziger und achtziger Jahren der Anti-Atom-Protest formierte und eine linke, intellektuelle Szene gleich mit. Seine Eltern lebten mit ihm auf einem großen Hof, es gab viele Freiheiten, doch eins war strikt verboten: Zucker. Weder die »Imperialistenbrause« der Firma Coca-Cola noch irgendein Gummibärchen oder Schokoriegelchen durfte er jemals zu Hause essen. Das Ergebnis: Mit seinen Geschwistern plünderte er den Homöopathie-Schrank und aß alle weißen Kügelchen auf. »War ja schließlich auch Zucker«, meint Livio.

So etwas wollten wir mit unserem Nachwuchs nicht erleben. Wir gingen bald dazu über, dass die Kinder im Wesentlichen essen dürfen, was auch immer sie wollen. Jedenfalls beinahe. Denn das perfekte Gericht aus ihrer Sicht wäre Reis mit Nudeln mit Brot. Oder Cornflakes. Julia und ich haben im Prinzip nachgegeben, mogeln nur noch etwas dazwischen, das wir sinnvoll finden. Als Alibi stellen wir etwa einen Rohkostteller dazu, der sogar leidlich angenommen wird.

Haben wir Gäste zum Essen, füttern wir die Kinder manchmal mit ihren geliebten Nudeln ab und nehmen uns danach dieselben Nudeln, nur mit schönen Soßen und Beilagen. »Ihr esst das hier«, sagt Julia beim Auftischen einmal im Scherz. »Und wir bekommen jetzt noch so ein ekliges Erwachsenenessen.«

Und dann kommt die Überraschung, als ich nicht mehr damit rechne. Ich ernähre mich selbst immer gesünder, um darüber hinwegzutäuschen, dass meine Kinder fest in der Hand der großen Lebensmittelkonzerne und ihrer Zucker-Kohlehydrat-Fertigware sind. Aber vielleicht hat meine Begeisterung doch auf sie abgefärbt. Vielleicht war es das, worum es beim Essen geht: Freude! Authentisch sein! Als wir uns schon in das aus unserer Sicht Unvermeidliche gefügt haben, eigentlich nur noch für uns Eltern zu kochen und den Kindern irgendwelches Zeug hinzustellen, erlebe ich eine Überraschung.

Die Kinder haben Brote mit Marmelade und Pasten auf dem Tisch und ein Tellerchen mit Tomaten und Gurken, Dinge, die sie neuerdings doch ganz gern mal essen. Und ich koche Gemüsenudeln: Zucchini, die in lange, sehr feine Streifen geschnitten werden, eine Art Ersatznudeln, dazu eine Soße aus kleingestampftem Tofu mit Tomaten, Oliven und vielen Kräutern. Geriebene Nüsse drüber. Ein echt spezielles Essen, das ich liebe, aber sogar vielen Erwachsenen nichts sagt. Ich stelle es auf den Tisch und verschwinde noch einmal, um mir Tee zu machen. Als ich wiederkomme – ist mein Essen weg. Dafür ist der Mund von Leo großflächig mit Tomatensoße verschmiert. Quinn, der besonders stur seine Kohlehydrate-Only-Diät verfolgt, sagt: »Lecker, lecker, lecker! Papa, machst du noch mehr von dem komischen Zeug?«

Es war wie ein Symbol für die Mühen von Eltern überhaupt und insgesamt: Als wir es nicht mehr probiert haben, klappte es auf einmal. Vielleicht ist ja das ewige Drängen der Eltern der Grund dafür, dass die Kinder den Widerspruch überhaupt erst provozieren.

Sei artig! Und am Ende sieht es dann doch nicht so aus, wie die Eltern es wollten.

Kapitel 11

»Sei schön artig!« *Julia*

Anstrengend, aber lustiger: Wir verabschieden uns von der Idee, unsere Kinder zu braven Musterschülern zu formen.

»Wenn du nicht artig bist, dann kommst du ins Heim!«, ist ein Klassiker unter den elterlichen Drohgebärden. In einem Internetforum schreibt ein junger Mann dazu: »Meine Eltern hatten quasi eine Standleitung ins Heim.« Kaum zu glauben, aber der Spruch wurde bis in die achtziger Jahre noch gern und viel benutzt, um sogenannte schwer erziehbare Kinder (noch so ein Wortungetüm) in Schach zu halten. Selbst Thomas kann sich an ihn erinnern, und der hatte wirklich ein anpassungsfähiges Naturell.

Semantisch gesehen gehört der Satz in die Wenn-dann-Kategorie: »Wenn du nicht leise bist, kommt die Polizei« oder »Wenn du nicht brav bist, kommt der Nikolaus mit der Rute«. Wahlweise drohen verzweifelte Eltern auch noch mit anderen Autoritäten, zu denen nicht nur der böse Nachbar von oben, sondern auch übersinnliche Wesen wie der schwarze Mann, Hexen und Gespenster gehören können.

Eines Sonntagmittags drohen mein Mann und ich unseren Kindern mit dem langen Arm des Gesetzes. Der Grund: Aus dem Wohnzimmer ertönt ein so grauenhaftes Geschrei aus zwei Kinderkehlen, dass es unsere Doppelglasfenster zum Scheppern bringt. Leo und Quinn haben sich nämlich in den Kopf gesetzt, Gläser zu »zersingen«, wie sie das umschreiben. Wie das geht, haben sie in einer Kindersendung gesehen. »Es ist nicht wichtig, besonders laut zu brüllen, sondern hoch«, sage ich und schiebe zur Erklärung noch irgendwas von Frequenzen und Schallwellen hinterher. Quinn sitzt vor einem Wasserglas und brüllt infernalisch. »Nicht laut, hoch!«, wiederholt mein Mann und sticht zur Verdeutlichung mit dem Daumen in der Luft herum. Nun schreit auch er, in diesem Opernspektakel kann man einfach nichts mehr verstehen. Und, ja, da fällt er, dieser Satz. »Gleich kommt die Polizei!« Einer von uns beiden hat ihn gesagt, und der andere daraufhin sofort laut losgelacht. Denn es ist doch ziemlich lächerlich, dass wir Eltern glauben, unseren Kindern mit solchen Autoritäten Angst machen zu können.

Natürlich hat deswegen keiner an unserer Tür geklingelt, es wurde auch niemand in die Zwangsjacke gesteckt und mit Blaulicht abgeholt. Wahrscheinlich hat sich der Nachbar oben wie so oft seinen Teil dazu gedacht und einfach den Fernseher lauter gedreht. Der eigentliche Witz aber an der Sache ist: Unsere Kinder sind inzwischen in einem Alter, wo sie uns diese Sprüche eh nicht mehr abnehmen.

Ich vermute, Leo und Quinn wissen gar nicht so genau, was artig eigentlich bedeutet: lieb, vernünftig, wohlerzogen, höflich nämlich. Thomas und ich haben da ein stilles Einverständnis, dass unsere Kinder statt nett lieber eigenwillig sein, sich entfalten und ihre Kreativität ausleben sollen.

Das aber hat Folgen. Quinn hat am Morgen beschlossen, als Räuber verkleidet in die Kita zu gehen, obwohl gerade kein Karneval ist. Leo leert mit seinem Freund Linus all seine Spielzeugkisten im Zimmer aus, um die Olchis aus Schmuddelfing nachzuspielen. Die Raufasertapete neben der Essecke ist mit Graffiti verziert, und die müssen da auch bleiben, weil das eine Kunstausstellung ist. Die Jungs sitzen nicht ordentlich am Tisch, essen nicht mit Gabel und Messer und warten auch nicht, bis sie aufstehen dürfen. Gut, dann muss man sich eben darauf einstellen und das Chaos aushalten. Manchmal müssen wir uns unter Schmerzen daran erinnern, was uns wirklich wichtig ist und wo wir Abstriche machen müssen.

Betragen: Ungenügend

Interessant wird es, wenn sich die Großelterngeneration einschaltet. Von ihren lieben Lebensbegleitern über sechzig haben die Kinder eines gelernt: Wenn sie schön aufessen, leise sind, mal herkommen, nicht herumrennen oder schimpfen, kann etwas durchaus Angenehmes folgen. »Wenn ihr artig seid und schön aufesst, gibt es anschließend noch einen Nachtisch«, sagt die Oma. Thomas und ich lachen dann darüber und sagen: »Nein, ihr müsst nicht artig sein.« Den Kindern kommt das Ganze wahrscheinlich auch wie ein Auswuchs an Exotismus vor. Die Strategie, die dahintersteckt, wissen sie trickreich umzukehren. So sagt Quinn einmal breit grinsend: »Wenn ich fernsehen darf, hör ich dir auch immer zu, Mama.«

Allerdings hat sich meine Schwiegermutter mal selbst kompromittiert und uns ihr Zeugnis aus der ersten Klasse gezeigt. Da gibt es ein paar ganz gute Noten, aber es steht noch drunter: »Sie darf nicht so vorlaut sein.« Mehr nicht. Wahrscheinlich hatte das Mädchen sich einfach nur ein paarmal zu oft zu Wort gemeldet und die Zucht und Ordnung der Nachkriegsjahre missachtet. Da meine Schwiegermutter mir auch einmal erzählte, dass ihre Klasse noch in der Berufsschule bei einem Lehrer zu Hitlers Geburtstag am 20. April aufstehen und salutieren mussten, und das war Ende der sechziger Jahre, glaube ich nicht so sehr an die Pädagogen der jungen Bundesrepublik. Aber dennoch, wir haben es schwarz auf weiß, sogar die Oma unserer Kinder war einst »unartig«.

Die Kinder erfreut nichts mehr als die Tatsache, dass nicht nur Oma und Opa, sondern auch wir Eltern mal klein waren und Quatsch gemacht haben. Leo bittet mich manchmal: »Mama, erzählst du mir eine Geschichte von früher, als du klein warst und wo man lachen muss?« Dann lehne ich mich wie Käpt'n Blaubär im Stuhl zurück und plaudere aus vergangenen Tagen.

Jeder kennt das ja aus seiner eigenen Kindheit: Man weiß nicht warum, aber es juckt einen in den Fingern, kapitalen Blödsinn anzustellen. In meinem Fall war das etwa, mit ein paar Freunden unsere frisch getünchte Hauswand mit Matsch zu bewerfen. Erst ganz am Ende der Raserei kamen wir auf die Idee, dass das vielleicht doch keine so eine gute Idee war.

Ein anderes Mal sind wir auf den Kompost gestiegen und haben die Küchenabfälle über die Mauer in den Garten von Frau Jännicke geschmissen. Hinterher mussten wir zur Strafe den ganzen Mist über die Mauer zurückwerfen – unter dem strengen Blick der Nachbarin, was wir als besonders peinigend empfanden.

Solche Schwänke erfreuen nicht nur den Nachwuchs, die gelegentliche Erinnerung daran ist auch hilfreich, wenn die eigenen Kinder mit so einem hirnlosen Quatsch anfangen. Etwa wenn schon am dritten Schultag eine schriftliche Benachrichtigung von der Lehrerin eintrudelt, in der steht: »Leo hat heute nasses Papier in die Turnhalle geworfen und damit massiv den Unterricht gestört. Er soll sich bis morgen eine Wiedergutmachung überlegen!« Und als ich ihn auf den mysteriösen Fund von einer Tüte Gummibärchen in seinem Ranzen anspreche, antwortet er nur: »Keine Ahnung, wie die da reinkommen!«

Was für großartige Gesprächsmöglichkeiten würde man sich verbauen, wenn man jetzt den Stempel »unartig« zückte und das Kind bedrohen und bestrafen würde. Stattdessen hat die Klassenlehrerin Leo erklärt, dass infolge der Sache mit dem nassen Papier der Turnunterricht unterbrochen, eine Putzkolonne geschickt und sie selber aus der Mittagspause geholt werden musste. Und das fand sie alles so doof, dass sie ein einfaches »Entschuldigung!« nicht gelten lassen wollte, sondern überdies empfahl, Leo solle jetzt mal selber irgendwas putzen. Die Sache mit den Gummibärchen löste sie so, dass sie Leo nicht als Dieb vor der Klasse bloßstellte, sondern ihm unter vier Augen erklärte, dass die Süßigkeiten einem anderen Mädchen gehörten und er eine neue Packung mitbringen solle, die sie dann anonym übergäbe. Es ging ihr darum, Leos Einsicht zu wecken, indem sie den Jungen aufforderte, sich in ihre Lage und die des beklauten Mädchens hineinzuversetzen.

Der Anstandswauwau

Anstand und Benehmen sind seit der Jahrtausendwende wieder ein Renner im Diskurs. Wie aus dem Nichts kam das Thema plötzlich auf, im Jahr 2003 erschien das Buch *Manieren*, das Asfa-Wossen Asserate, ein Angehöriger der äthiopischen Kaiserfamilie, mit Hilfe des konservativen Schriftstellers Martin Mosebach geschrieben hatte. Es stand monatelang auf den Bestsellerlisten und löste eine langwierige Debatte aus, die die *Frankfurter Allgemeine Zeitung* intensiv begleitete. Deutschland hatte ein Thema gefunden: Wir brauchen wieder mehr Anstand und Benehmen. Etliche Autoren zogen nach, plötzlich musste auch Gloria von Thurn und Taxis eine Anleitung zu »Umgangsformen« schreiben, die Schriften des Freiherrn Knigge wurden wieder aufgelegt. Das neue Thema passte zum neuen konservativen Zeitgeist – der Watschenmann jener Jahre war »die 68er-Kultur«, die von manchen für alles Übel in der Welt verantwortlich gemacht wurde. (Dass es die »68er« in dieser Homogenität gar nicht gibt, schadete nicht, sondern half: Je diffuser ein Feindbild ist, umso besser ist es einsetzbar.) Der neue Diskurs rund um »Anstand« bezog sich zwar auf Höflichkeit und Benehmen im Allgemeinen, aber er wurde dann schnell auch auf Erziehung angewandt. »Zu einem manierlichen Menschen wird man erzogen, und das findet sehr früh in der Familie statt«, erklärte Prinz Asserate im Deutschlandfunk.

»Anstand« ist ein ebenso mit Mottenkugeln behangener Begriff wie »artig«. Gern gebrauchen ihn diejenigen, die selber wenig respektvoll mit ihren Mitmenschen umgehen. Formulierungen wie »So was tut ein anständiges Mädchen nicht« oder »Hast du keinen Anstand?« schreien geradezu nach Widerspruch. Dennoch sehnen sich offenbar viele Menschen nach allgemeingültigen Normen, die in solchen Lehrformeln zu stecken scheinen.

Aber es sind eben nur Formeln. Sie sind unspezifisch und unflexibel, sie sind wie Schablonen.

Fluchtreflexe

Manchmal haben wir das Gefühl, sehr allein dazustehen mit unseren unartigen und unanständigen Kindern, und freuen uns immer, wenn wir noch andere Eltern treffen, die eine eigensinnige Meute hinter sich herschleifen. Es gibt inzwischen einfach Orte und Situationen, die wir zu vermeiden suchen. Dazu gehört, nach Möglichkeit, das Restaurant. Manchmal geht alles gut, und manchmal geht alles schief. Oma erinnert sich heute noch mit Grauen daran, wie Leo sich am Tisch ausziehen wollte und das auch lautstark ankündigte, während Quinn mit dem Strohhalm Apfelsaft auf den Nebentisch spritzte. Die Tischnachbarn guckten sich ständig nach ihnen um, und Opa bekam Schweißausbrüche. »Am liebsten wären wir weggelaufen«, gab Oma freimütig zu. Wir kennen das und versuchen, Restaurantbesuche mit den Kindern auf ein Mindestmaß zu reduzieren oder eine Lokalität aufzusuchen, wo das Personal auf Kinder eingestellt ist.

Dass wir uns recht verstehen: Ich habe gar nichts gegen gutes Benehmen. Das Leben wird einfach schöner, wenn alle rücksichtsvoll miteinander umgehen. Rüpeleien ärgern mich. Als kürzlich ein Freund zu Besuch war und wir gemeinsam mit den Kindern zu Abend aßen, rülpste Leo plötzlich ohne Vorwarnung. Der Freund war gut erzogen und lächelte nur gütig darüber hinweg. Ich herrschte Leo nicht an: »Sei artig!«, sondern erklärte, dass wir uns alle über ein leckeres Essen freuen und es den anderen, inklusive mir, gründlich den Appetit verdirbt, wenn jemand hemmungslos aufstößt, ohne zumindest die Hand vor den Mund zu halten. Leo kicherte, verzichtete aber für den Rest des Abends auf derlei Sauereien. Ob das auf Dauer klappt, sei dahingestellt. Aber steter Tropfen höhlt den Stein, sage ich mir und übe mich in Geduld. Bis dahin wird es vermutlich noch viele unappetitliche Situationen geben und viele Tischsituationen, in denen wir einen unserer Jungs mal kurz aus dem Zimmer bitten müssen. Aber auch viel Freude und Gelächter.

Kapitel 12

»Wer nicht hören will, muss fühlen.« *Thomas*

Eltern schlagen heute zwar nicht mehr. Aber an das Prinzip Strafe glauben viele heimlich schon. Dabei ist es in Wirklichkeit ganz sinnlos. Strafe muss nicht sein. Man sollte sie komplett aus seinem Repertoire streichen.

Die schönsten Erlebnisse hat man oft bei anderen Eltern. Ich kann mich zurücklehnen, da ich selbst nicht direkt betroffen bin. Ich muss nicht einmal aus Höflichkeit irgendwas beitragen, da ich ja unter Freunden bin, die auch Kinder haben – maximales wechselseitiges Verständnis ist unter Eltern normal.

Letztens, als ein Elternpaar aus der Nachbarschaft mit seinen Kindern bei uns war, bin ich mitten im Gespräch auf dem Sofa eingeschlafen. Als ich eine Stunde später verstört erwachte und mich entschuldigen wollte, hat das keinen interessiert – andere Eltern verstehen immer, dass man entsetzlich müde ist. Vielleicht waren sie etwas neidisch, mehr aber auch nicht.

Kürzlich hatte ich ein lehrreiches Erlebnis, als ich selbst bei Freunden zu Gast war, die ebenfalls drei Kinder haben.

Ich sitze im Wohnzimmer und versuche mit meinem Freund Claus zu reden. Seine Mädchen rasen wie wahnsinnig durch die Wohnung – schon das allein ist ja immer eine Freude, wenn das Klischee gebrochen wird, dass Mädchen brav malen und Jungs laut toben. Mein Freund Claus versucht sie zu bändigen, während seine Frau Anne irgendwo im Hinterzimmer am PC arbeitet.

Seine Töchter streiten sich um ein Pferd mit langen blauen Haaren. Dann hört man im Nebenzimmer ein paar Bauklötze fliegen. Eine weint, die andere jammert in einem quäkenden, sehr anstrengenden Tonfall. Dann rasen sie wieder bei uns rein: »Können wir fernsehen?« Claus erklärt anfangs noch freundlich, dass sie schon einen Film gesehen hätten, und das reiche. Dann kommt das Gejammer wieder (»Manno, nein, wir wollen aber trotzdem …« etc.). Sie lassen nicht locker, fragen immer wieder. Claus wird langsam ungehalten. Und dann – nach circa fünf Minuten Diskussion ums Fernsehen, die sich im wesentlichen um den Satz »Wir wollen aber doch« drehte – kann er nicht mehr.

»So, jetzt reicht es mir«, schreit Claus. »Ihr habt für die ganze Woche Fernsehverbot! Es gibt keine Sendung mit der Maus, keine DVDs und nichts!« Die Mädchen kreischen auf, und durch die Kakophonie der Entrüstung höre ich noch etwas: Gelächter. Seine Frau ruft aus dem Arbeitszimmer herüber: »Ich trage das nicht mit. Erstens ist es falsch, und zweitens schneiden wir uns nur ins eigene Fleisch. Du bist ja noch schön im Büro, wenn ich sie abends eine halbe Stunde vor die Glotze setze, um aufzuräumen.« Dann steht Anne in der Tür und fügt noch an: »Sollen die Kinder darunter leiden, dass wir ihr Gejammer nicht aushalten können? Unsinn.« Das Verbot war damit faktisch wieder zurückgenommen, Claus stand ein bisschen doof da, aber die Kinder haben das im allgemeinen Geschrei doch kaum bemerkt.

Welch bewundernswerte Gelassenheit und Einfühlsamkeit, den Kindern sogar ein Recht auf Jammern zuzugestehen. In dieser Familie darf jeder jammern, und die anderen müssen das eben aushalten. Ich finde diese Haltung stark und nehme mir vor, das ab jetzt auch so zu sehen. Vor allem aber hat Anne eines verstanden, und deswegen erzähle ich diese Geschichte: Strafen ist grundsätzlich sinnlos.

Die Spirale der Einschüchterung

Kinder wollen gesehen werden, heißt es manchmal in der pädagogischen Literatur. Ich finde das etwas mau. Die Wahrheit ist doch: Menschen wollen gesehen werden, egal ob groß oder klein. Ich selbst werde auch wütend oder traurig, wenn ich das Gefühl bekomme, gegen Wände zu reden. Wenn meine Frau am Abendbrottisch gar nicht merkt, dass ich dreimal etwas gefragt habe, weil sie dem Dauerplappern der Kinder zugehört hat und sonst nichts wahrnehmen konnte.

Aber okay, Kinder wollen auch gesehen werden, und ihr vermeintliches Fehlverhalten hat einen Grund. Die Kinder von Claus waren wohl irgendwie unzufrieden, waren beim Spielen in Zank und Streitereien geraten und wussten plötzlich nichts Kluges mehr mit sich anzufangen. Vielleicht hätten wie uns die Kleinen schnappen sollen, einmal kurz richtig auf sie eingehen, fragen, was sie fühlen und wollen, einen Song mit ihnen singen oder vielleicht Regentropfen-Massage machen, damit sie sich spüren und entspannen. (Regentropfen-Massage geht so: Die Finger trommeln auf den Kopf und wandern dabei hin und her, das sind die Regentropfen. Das beruhigt – übrigens auch Erwachsene.) Das dauert drei Minuten, und dann müssen sie wieder einsehen, dass wir Großen auch das Recht auf private Zeit gemeinsam haben, und dass wir es uns genau jetzt nehmen wollen. Einsehen müssen sie das früher oder später sowieso. Die Strafe Fernsehverbot hilft dabei nicht.

Strafen sind meist ein Ausdruck von Ratlosigkeit. Und diese verdammte Ratlosigkeit kann ich sehr, sehr gut verstehen. Kinder sind eine Zumutung und machen jeden wahnsinnig, der sich in ihrer Nähe aufhält. Sie sind immer viel zu laut, sie schreien, maulen, jaulen, haben keines ihrer Gefühle unter auch nur der geringsten Kontrolle, sie nehmen auf nichts und niemanden Rücksicht und denken nur an sich. (Und sie haben auch noch ein paar rührende, herrliche Eigenschaften, die einem die Tränen in die Augen treiben, das bleibt unbestritten.)

Doch dass man in der Gegenwart von Kindern, besonders wenn es die eigenen sind, trotzdem hin und wieder die Fassung verliert, ist nur allzu verständlich. Wer das Gegenteil behauptet, hat vermutlich keine.

Schlechtes Benehmen hat einen Sinn

In den Momenten, in denen die Wut in uns hochsteigt, gehört sicherlich besondere Kraft dazu, eben nicht zum Einfachsten zu greifen, das Eltern dann immer einfällt: Rumschreien und Strafen aussprechen, also die ganze Spirale der Einschüchterung. Denn mehr als Einschüchterung ist es leider nicht. Das Kind lernt nichts aus Strafen, und wir Eltern lernen nichts aus dem Verhalten, das wir bestrafen. Dabei könnte man die Gelegenheit ergreifen, mal zu verstehen, warum und wann immer die Dinge passieren, die wir für bestrafenswert halten. Vielleicht gibt es unschöne Abläufe und Muster, die sich in der Familie eingeschlichen haben und unter denen das Kind leidet. Vielleicht ist es traurig oder ängstlich wegen irgendetwas und kann das nicht anders zeigen als mit einem Regelverstoß. Ärgerlich, wenn man das dann alles nicht mitkriegt und wieder mal nicht hinter die Dinge geschaut hat.

Mir ist nach und nach klar geworden, dass mein Leo ganz gezielt stört und Ärger anzettelt. Das heißt dann immer, dass er etwas braucht. Etwas, das er sich nicht selbst geben kann, Zuwendung. Beruhigung. Ablenkung. Eigentlich ist das banal, auch die Erkenntnis, dass jede Zuwendung, auch die der Strafe, wenigstens eine Zuwendung ist, gehört zu den Klassikern der modernen Pädagogik. Wer von seinen Eltern viel zu wenig Aufmerksamkeit bekommt, weil die das mit dem Recht auf eigenen Raum falsch verstehen und vielleicht immerzu lieber rumsitzen und Zeitschrift lesen oder auf das Smartphone starren, holt sich die, indem er die Ming-Vase zerdeppert. Eigentlich ganz schlau.

Zu den Schrecken des Elterndaseins gehört folgender bizarrer Sachverhalt: Wochentags, wenn wir die Kinder zur Schule bringen müssen, sind sie nicht aus dem Bett zu bekommen und leiden an bleierner Müdigkeit. Am Wochenende, wenn wir Eltern ausschlafen wollen, stehen die kleinen Monster allerspätestens um 6:30 Uhr auf und randalieren los.

An einem dieser Sonntage bin ich letztens wütend geworden. Ich wache auf, es ist noch ziemlich finster, mein Wecker zeigt sieben Uhr. Geklingelt hat er mitnichten – eine Kakophonie knackender, wummernder und hämmernder Geräusche weckt mich. Zuerst denke ich, aha, ich bin zur Mietminderung berechtigt! Aber nein, dann merke ich, es ist doch nur wieder mein Sohn. Auf dem Weg durch die Wohnung ziehen folgende akustische Eindrücke an meinem Ohr vorbei: Im Kinderzimmer läuft ein Hörspiel, dort liegt aber nur der kleine Quinn, der tief schläft. Im Wohnzimmer klackert das Metronom, das sonst auf meinem Klavier steht. Und in der Ecke beim Fenster sitzt mein Sohn Leo und klopft mit Holzlöffeln auf ein Ensemble von Kartons, eine Kiste, in der Julia ihren Schmuck aufbewahrt, sowie einen Sammelordner aus Pappe, in dem ich meine Ausgaben des Magazins *Titanic* ordne, welche auf dem Boden ausgeleert sind (immerhin sauber auf einen Stapel).

Ich errege mich wie Rumpelstilzchen, hüpfe auf und ab, plappere irgendwas von den Nachbarn, die noch schlafen, und Mama und Papa, die Ruhe wollen. Und dann verhänge ich eine Sanktion: »Ich nehm jetzt erst mal das grüne Telefon weg!«

Inzwischen ist auch Quinn aufgewacht und schreit einen langgezogenen Vokal – falls irgendwelche Nachbarn noch schliefen, ist es jetzt damit vorbei. Das grüne Telefon ist ein altes iPhone, das in einer froschfarbenen Gummihülle steckt. Mein Vater gab es Leo einmal, der benutzt es natürlich nicht als Telefon, sondern für seine Hörspiele mit dem Drachen Kokosnuss. Davon hat er auch heute früh eins angeschaltet, das nebenan ja immer noch läuft. Jetzt jault er, weil er es angeblich »gleich wieder weiterhören« wollte.

Als ich irgendwann später aufstehe und mein Sohn immer noch schmollt, sehe ich mir die Szene im Wohnzimmer genauer an: Aus den Kartons von Brettspielen hat er ein Schlagzeug gebaut, davor ein kleines Keyboard drapiert, zwei Schreibtischlampen aus der Wohnung zusammengesammelt und als Spots auf diese kleine Bühne ausgerichtet. Unter dem Cocktailtischchen, auf dem das alles steht, liegen Holzklötze, lange und kurze beieinander, sodass es wie das Basspedal einer Orgel aussieht. Das Kabel von seinem Bontempi-Kinderkeyboard zur Steckdose ist fein säuberlich mit Geschirrtüchern abgedeckt (»damit man nicht stolpert«). Kurzum, ziemlich cool alles.

Es war durchaus bescheuert von mir, nur zu meckern und nicht zu honorieren, was er gebaut hat. Der Ärger war vielleicht eine authentische Reaktion, also muss er auch raus, aber dann hätte der aufmerksame Papa auch noch mal hinsehen können. Und die Strafe, das Hörspiel-Telefon wegzunehmen, wirkt ohnehin äußerst sinnlos. Sie hat nichts mit der Sache zu tun, und ich komme auch nach längerem Grübeln nicht darauf, was sie überhaupt bezwecken sollte. Jedenfalls, wenn man nicht mehr der überkommenen Idee anhängt, dass das Kind eine Art Tier ist, dessen Willen die Eltern brechen müssen.

»Strafe muss sein« ist so ein anderer Slogan, den alle noch im Kopf haben. Während eines Abendessens bei Freunden schilderte ich einer (kinderlosen) Journalistin eines großen deutschen Magazins meine Ideen zu diesem Thema. Sie wollte es genau wissen, und sie riss mir auch immer wieder unser Baby aus der Hand, das wir dabei hatten. Eine Kindern sehr zugewandte, freundlich interessierte Frau. Als ich fertig war mit meiner kleinen Rede über den Satz »Strafe muss sein« und warum er so sinnlos ist, sagte sie: »Aber Strafe muss doch wirklich sein? Eltern sind heute viel zu weich, und die Kinder sind alle Tyrannen.« Kurz davor erst waren die zwei hübschen Töchter des Hauses, in dem wir gerade saßen, ohne zu murren pünktlich schlafen gegangen und hatten sich äußerst wohlerzogen noch von den Gästen verabschiedet. Meine Gesprächspartnerin gab dann auch schnell zu, das mit der Dominanz der verzogenen Kinder nur im *Spiegel* gelesen zu haben, schließlich habe sie gar keine Kinder.

Der Zeitgeist will es hart, die Supernanny rudert zurück

Solche Meinungen sind gängig und im Zeitgeist herrschend. Das Buch *Lob der Disziplin,* verfasst von dem Internatsrektor Bernhard Bueb, machte den Anfang: monatelang Bestseller, von rund einer halben Million Deutschen gelesen, begleitet von einer Serie der *Bild*-Zeitung. Konservativ war bei vielen wieder in Mode, und es bedeutete meist: zurück zu alten Methoden, auch wenn sie brachial waren. Kinder wurden medienwirksam als »Tyrannen« bezeichnet. Die Pädagogin Katharina Saalfrank machte als »Supernanny« eine steile Fernsehkarriere, in 145 Folgen der Sendung auf RTL beriet sie – inszeniert, aber gefühlt wirklichkeitsnah – Familien mit Erziehungsproblemen. Was bis heute allen davon im Kopf blieb, ist die »Stille Treppe«, eine Strafe. Hat ein Kind sich schlecht benommen – was immer das heißt, und egal, ob es das als solches einsehen kann –, muss es an einen stillen Ort, um darüber nachzudenken und Reue zu entwickeln. Die Idee stammt aus der amerikanischen Verhaltenstherapie und kam Ende der fünfziger Jahre auf. Kritik in der Fachwelt gab es seit eh und je: Kurzfristig erreiche man damit zwar ein Einlenken und Regelbefolgung, langfristig gebe es aber die gleichen Probleme wie mit jeder Art von Strafe. Die Einsicht fehle, und das Kind befolge die Regel gar nicht aus sich selbst heraus. Das ist aber das Ziel jeder Erziehung. Saalfrank hat sich unlängst von der »Stillen Treppe« distanziert, sie sagte in einem Interview, diese Methode habe sich für sie »als destruktiv erwiesen«. Überhaupt habe sie das nur angewandt, weil das ursprünglich aus England stammende Konzept der TV-Sendung es verlangte. Heute findet sie, was schon immer offensichtlich war: Das Kind wird durch diesen Zwang in seiner Autonomie eingeschränkt, seine Entwicklung behindert.

Damit hat sie endlich die Ansichten der modernen Pädagogik wiederentdeckt. In ihrem jüngsten Buch *Das Ende der Erziehung* legt sie ihre Sicht einer gleichberechtigten Erziehung dar – das ist alles wichtig und richtig. Zu befürchten bleibt aber doch, dass der deutsche TV-Star der Pädagogik mit einer unmodernen, restriktiven und nicht einmal sonderlich wirkungsvollen Methode im Gedächtnis bleibt, mit der »Stillen Treppe«. Denn leider hat sie diese Technik nun einmal jahrelang vertreten, und in dem unfairen Gedächtnis des Massenpublikums bleibt genau das haften, nicht die späteren Einschränkungen und Problematisierungen.

Das ist aus mehreren Gründen traurig. Gut wäre, wenn die »Stille Treppe« endlich mal aus dem allgemeinen Bewusstsein verschwinden würde. Sie steht für eine hässliche und harte Methode: Wer nicht so handelt, wie die Eltern verlangen, wird zur Strafe isoliert, bis er Einsicht zeigt. Der Erfinder dieser Methode, der New Yorker Verhaltenspsychologe Arthur Staats, der in den fünfziger Jahren mit seinen eigenen Kindern experimentierte, hatte wieder das grundlegende alte Missverständnis aller autoritären Erziehung im Kopf: hier wir überlegenen Erwachsenen, da die wilden Kinder, die wir domestizieren müssen.

Ich bestreite nicht, dass man Kindern viel erklären und zeigen muss: Der Herd ist gefährlich heiß, der Balkon ist gefährlich hoch und Mama ist gefährlich traurig, wenn man sie »blöde doofe Scheißmama« nennt. Das alles sollen und müssen die Kinder erfahren und verstehen. Es geht nur darum, wie. Schöner wär's doch, wenn sie es einsehen – und schlechter ist es, wenn sie es nur widerwillig befolgen, weil sie Angst vor der »Stillen Treppe« oder sonst einer Strafe haben.

Der Widerspenstigen Zähmung

Manchmal scheint es, als kämpften Saalfrank und andere durchaus moderne und lesenswerte Autoren heute ein wenig damit, dass sie sich nicht klar zu etwas bekennen möchten. Wenn etwa behauptet wird, es gehe um »Beziehung statt Erziehung«, dann klingt für mich nichts weniger als der völlig verunstaltete Begriff der antiautoritären Erziehung an. Bloß mag den keiner in den Mund nehmen – ganz zu Unrecht. Einmal werden wir gefragt: »Was macht ihr denn da, etwa antiautoritäre Erziehung?« Und können darauf nur antworten: »Ja, aber das ist in unseren Augen etwas ganz anderes, als du dir gerade darunter vorstellst.« Es geht nicht darum, dass Kinder alles dürfen.

Das wäre Laisser-faire oder, in Fachchinesisch, die »permissive« Erziehung. Wir halten es mit der antiautoritären Erziehung so, wie ihr Erfinder, der Reformpädagoge Alexander S. Neill, es gemeint hat. Es gibt Regeln. Neill galt als streng, auf eine freundliche Art. Wichtig ist, Eltern und Kinder sind gleichwertig, aber nicht gleichberechtigt. Wir Eltern müssen unser fortgeschrittenes Wissen wohl oder übel einsetzen, um die Meute zu lenken.

Würde man sich in die Kinder hineinversetzen, wäre das alles gar nicht erklärungsbedürftig. Denn keiner von uns wird gern dazu gezwungen, reuig in die Ecke zu gehen, wenn er etwas getan hat, was eine andere mächtige Person nicht okay findet. Welcher Erwachsene wäre nicht beschämt, wenn er auf die »Stille Treppe« geschickt wird. Wir sind ja schon gekränkt, wenn die Kollegen uns vergessen und einmal allein zum Mittagessen gehen in der Pause. Trotzdem wenden wir diese »Methode« an und erzeugen im Kind damit Scham, Einsamkeit, vielleicht auch Angst, vielleicht beschädigen wir sein Selbstwertgefühl. Dinge, die ich als Vater eigentlich nie vorhatte.

Hausaufgabe: Empathie

Das Zauberwort heißt Empathie, also Einfühlung. Hier könnte man einen langen Essay einschieben, vielleicht sogar ein ganzes Buch. Ich glaube eigentlich nie daran, dass irgendetwas die »Lösung aller Probleme« sei, aber dass die Empathie (die nicht gerade en vogue ist) insgesamt der Schlüssel für vieles ist, besonders Erziehung, behaupte ich schon. Würden wir uns mehr in andere einfühlen, gäbe es viel weniger Probleme, vielleicht gäbe es weder S-Bahn-Schläger noch Preistreiberei bei den Mieten oder die Sendung *Verklag mich doch*.

Wer im zwischenmenschlichen Bereich irgendetwas verstehen oder erreichen will, muss sich einfühlen können – das ist nicht rührseliges Mitleid, auch nicht Manipulation, sondern einfach nur ein einfühlendes Verstehen von innen. Da wird auch wieder einmal klar, dass es »Erziehung« überhaupt nicht gibt – erziehen tun die Menschen sich schon erschütternd früh ganz allein. So circa mit drei fängt das an. Es gibt nur: Dinge gut vorleben, zuhören, auf die kleinen Monster eingehen.

Es hilft alles nichts, aber die Menschen müssen einfach irgendwann einsehen, dass bestimmte Regeln gut und sinnvoll sind. Egal, ob sie vierzig sind und es um Tempo 30 im Wohngebiet geht oder ob sie vier sind und es um Nicht-Rülpsen beim Abendessen geht. Wir versuchen inzwischen, auf unsere Haltung zu achten, da wir glauben, sie entscheidet alles. Vermutlich achten nicht alle Eltern darauf, aber alle sollten. Wenn die Kinder sich lautstark streiten, weinen und jammern und das ganze Haus damit nerven, kann man hinlaufen und rufen »Jetzt ist aber Schluss«. Man kann auch hingehen, seinen Wunsch nach Ruhe zwar im Sinn behalten, aber trotzdem versuchen zu verstehen, was los ist. Es geht den Kindern eigentlich wie uns: Sie haben es wahnsinnig schwer damit, ein gemeinsames Sozialleben zu führen. Wir haben den Spruch »Ach, ihr armen Mäuse!« etabliert, halb im Scherz, aber mit einem ernsten Kern: erst einmal Verständnis signalisieren.

Natürlich ist das alles viel mehr Arbeit, als einfach mit Strafen zu drohen. Aber hat irgendjemand gesagt, dass es leicht wird, Kinder zu haben? Nein. Na also. Der schwierige Weg macht außerdem glücklicher.

Briefe an die Eltern, Thema ist bei uns gerade der Kampf ums Fernsehen: »Mama ist fast blöt« oder »Dann bist du auch nicht mehr scheise«

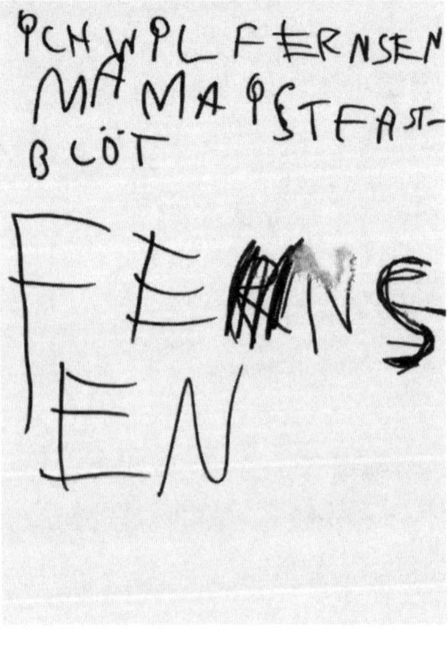

Kapitel 13

»Guck nicht so viel fern, sonst kriegst du quadratische Augen!« *Julia*

Wie man sich die Glotze zunutze machen kann.

Am Wochenende haben wir mal was ganz Mutiges ausprobiert: Wir haben den Kindern einen ganzen Tag lang Fernsehen erlaubt. Leo und Quinn liegen uns praktisch andauernd in den Ohren wegen der Kiste. Normalerweise sagen wir nein! oder treten mit ihnen in harte Verhandlungen über Inhalt und Umfang der gewünschten Sendung. Einmal, nach einem der üblichen Wortgefechte (Leo: »Die kleine Lok!«, Quinn: »Nein, der kleine Maulwurf!«, ich: »Wenn ihr euch nicht einigt, gibt's gar nix!«), sagte Quinn: »Siehst du, Mama, jetzt haben wir die ganze Zeit gezankt. Da hätten wir ja schon längst beide Filme gucken können!«

Letzten Sonntag haben wir uns also gedacht, mal gucken, was passiert, wenn wir nicht nein sagen oder ja mit einem Rattenschwanz an strengen Auflagen. Wir waren gespannt auf die Reaktion. Und darauf, wie lange die Kleinen eigentlich durchhalten, wenn man ihrem Fernsehkonsum völlig freien Lauf lässt. Also haben wir um 11 Uhr vormittags *Michel aus Lönneberga* in den DVD-Spieler eingelegt und die Glotze abends um 18 Uhr nach dem *Grüffelo* ausgeschaltet. Der

Befund: nicht auffällig. Quinn ist zwischen *Der kleine Tiger und der Bär suchen einen Schatz* und *Lauras Stern,* Teil zwei, aufgestanden und hat im Zimmer gespielt, Leo ist bis auf kurze Essenspausen und Klogänge sitzen geblieben. Thomas hatte endlich mal Zeit, die neuen Regalbretter in der Küche zu montieren, und ich habe mich der Schreibtischablage gewidmet. Abends haben wir uns wie gewohnt alle am Abendbrottisch versammelt, und danach sind die Kinder ohne Geschrei ins Bett gegangen.

Daraus kann man jetzt natürlich eine Menge Schlüsse ziehen oder auch gar keine. Die Sache ist eine einmalige Aktion geblieben. Die Kinder gucken fern, aber nicht täglich, und oft haben sie Schwierigkeiten, die Glotze am Ende der Sendung wieder auszuschalten. Aber das betrifft ebenso das Spielen, Lesen oder Kassette hören.

Dennoch ist das Thema Fernsehen unter Eltern ein besonders heißes Eisen. Lieber nicht gucken lassen ist die Devise vieler Eltern, die wir kennen. Wer seinen Kindern mehr Zugang zur Glotze gewährt, als das abendliche Sandmännchen erlaubt, gerät in Verdacht, seinen Erziehungspflichten nicht genügend nachzukommen.

Ich kenne eine Menge Leute, die uns angesichts unseres Legalisierungsprojektes eine düstere Zukunft bescheinigten: Sie prophezeiten, die Kinder würden nun ja sicherlich jeden Sonntag zum Fernsehtag ernennen wollen. Das war nicht der Fall.

Bayern liegt im Libanon

Es wird ziemlich viel über das Fernsehen geredet. Über feste Fernsehzeiten und die Frage, welche Sendungen wirklich pädagogisch wertvoll sind. Die Idee, Lehrsendungen speziell für Kinder zu machen, kam Ende der sechziger Jahre auf, als die *Sesamstraße* als Pilotprojekt an den Start ging. Mein Bruder erinnert sich, dass er im Kindergarten einmal mit seiner Gruppe in einen Fernsehraum geführt wurde, um sich eine Folge dieser neuen Serie aus den USA anzusehen. Das Ganze wurde hinterher besprochen und ausgewertet. Man wollte sehen, wie die Kinder darauf reagieren. Aus der Zeit stammt auch die Idee zur *Sendung mit der Maus,* die heute noch viele, sogar erwachsene Zuschauer hat.

Ob sich meine Eltern viele Gedanken über das Fernsehprogramm gemacht haben, bezweifle ich. Ich habe regelmäßig die Nachrichten mitgeguckt. Dementsprechend war ich recht früh über die politische Weltlage im Bilde und konnte als Winzling auf der Fahrt in den Bayern-Urlaub aus dem Kindersitz herausrufen: »Hier sieht's ja aus wie im Libanon!« Ich meinte die öde, vom Baumsterben geprägte Landschaft rechts und links deutscher Autobahnen.

Wir lassen unsere Kinder keine Nachrichten gucken, aber wir haben einige schöne DVDs. Hauptsächlich Filme, die wir von früher kennen wie *Die Augsburger Puppenkiste.* In unserem Regal befinden sich inzwischen einige Klassiker: *Die abenteuerliche Flucht* von Bibo, dem gelben Vogel aus der *Sesamstraße, Pipi Langstrumpf* oder *Luzie, der Schrecken der Straße*. Oder Verfilmungen von aktuellen Kinderbüchern. Ab und zu empfehlen uns auch Freunde mit Kindern etwas. Alle vier Wochen, wenn Leo mit seiner Klasse die Stadtbücherei besucht, bringt er auch ein bis zwei Kinderfilme mit. Die gucken wir oft gemeinsam.

Im öffentlichen Diskurs ist das Fernsehen schon lange ein Problemthema. Seit Computer und ähnliches interaktives Flimmerzeug unser Alltagsleben überrollt haben, geht unter modernen Pädagogen mit geradezu hysterischer Geschwindigkeit ein neues Schlagwort um. Es lautet: »Medienkompetenz«. Plötzlich ist es ein großes Ziel geworden, Kindern den richtigen Umgang mit digitalen Medien beizubringen (wobei sich natürlich alle darüber streiten, was genau denn »richtig« sei). Irgendjemand hat irgendwann mal Jugendliche auf dem Schulhof beobachtet und bemerkt, dass die ja alle so kleine Geräte in der Hand haben: Gameboys, Segas, Ataris. Außerdem besaßen die jungen Menschen Playstations und Fernseher im eigenen Zimmer. Medien waren überall.

Normalerweise schreien die Deutschen bei solchen Veränderungen gern auf und sehen darin in erster Linie eine Gefahr. Diesmal war das nicht so einfach. Denn andererseits ist es schwer im Trend, junge Menschen »fit zu machen« für die »moderne Arbeitswelt«. Also erfanden Pädagogen das Schlagwort »Medienkompetenz« und warben massiv dafür, dass Kinder den »richtigen« Umgang mit modernen Geräten früh erlernen sollen. Keiner wird Topmanager, wenn er nicht Word öffnen kann. Es entstanden Initiativen wie »Schulen ans Netz«. Erwachsene rannten Kindern und Jugendlichen regelrecht hinterher. Die hatten sich ihre Kompetenzen aber sowieso schon längst angeeignet. Quinn konnte mit einem Jahr mein Smartphone entriegeln, obwohl ich ihm das nie erklärt habe.

Heute haben verschiedene Wissenschaftler die Zeichen der Zeit erkannt und behaupten nun einfach mal das Gegenteil der bisher herrschenden Meinung: Moderne Medien sind böse und machen dumm! Einige Autoren und Dauer-Talkshowgäste haben sich auf dieses Thema spezialisiert, besonders der Psychiater und Professor Manfred Spitzer und Christian Pfeiffer, Exminister und heute außeruniversitärer

Forscher. Beide betreiben die Diskreditierung neuer Medien insgesamt. Pfeiffer hat den Begriff »Medienverwahrlosung« aufgebracht und schiebt praktischerweise, wie einige seiner Kollegen, alles Schlechte in der Gesellschaft, also Gewalt, Arbeitslosigkeit und Werteverfall einfach Fernseher, Playstation und iPad zu. Dass die eine Haltung genauso kurzsichtig und populistisch wie die andere ist, liegt auf der Hand.

Wir gucken in die Röhre

Thomas und ich haben auch schon mal überlegt, die Glotze rauszuschmeißen. Wir sind keine Fernsehnarren. Wir besitzen keinen 52-Zoll-Plasma-Bildschirm, nach dem sich die ganze Sofalandschaft ausrichtet, kein Dolby-Surround-System, das einem die Ohren weghaut. In Zeiten der digitalen Aufrüstung nutzen wir immer noch unseren steinalten Röhrenfernseher. Die Lautstärke kann man nur am Gerät selbst regeln, denn die entsprechende Funktion an der Fernbedienung klemmt seit zwei Jahren. Für den Fall, dass dieses Monstrum mal kaputt gehen sollte, ist vorgesorgt: Wir haben das gleiche Modell noch mal im Keller stehen, vom Vormieter. Kürzlich war ein Handwerker wegen der Jalousien da. Mit offenem Mund ist er vor der Mattscheibe stehengeblieben: »Sie sind die Letzten in der Stadt, die noch keinen Flachbildschirm haben.«

Mit dem Fernsehen habe ich eigentlich gar kein Problem. Die Herrin der Fernbedienung bin immer noch ich, und über Auswahl und Länge der gezeigten Filme kann in unserem Hause diskutiert werden.

Aber es gibt Bilder, die sich mehr oder weniger unserem elterlichen Einfluss entziehen und mit denen ich weniger kreativ umgehen kann als mit dem Fernsehen: zum Beispiel die omnipräsente Werbung für martialische Computerspiele im öffentlichen Raum. Wie soll ich meinen Kindern die aufgeblasenen Muskeltypen mit Maschinengewehren erklären, die vor brennenden Landschaften stehen und grimmig in die Gegend schauen? Oder die Anzeige für den neuesten Psychothriller mit dem erbaulichen Satz: »Ein postapokalyptisches Schlachtfest«?

Ein Plakat, das über Erektionsstörungen aufklärt, zeigt zwei comichafte Figuren. Die eine, durch Brüste eindeutig als Frau erkennbar, zieht die überdimensionierte Unterhose des Mannes nach vorne und guckt tief hinein. Darunter steht die Zeile: »Jeder Fünfte ist betroffen.« »Hä?«, fragt Leo, der ja als Erstklässler schon ganz gut lesen kann. Thomas überlegt kurz und sagt dann: »Äh, jeder fünfte Mensch hat einen viel zu großen Schlüppi an.«

Diese Situation konnten wir humorvoll lösen. Das klappt nicht immer.

Empört euch!

In einem großen Medienkaufhaus, in das Thomas Leo mitgenommen hat, um einen neuen Wasserkocher zu kaufen, bleibt unser Sohn plötzlich gebannt vor einem der Bildschirme stehen, die in Reihe die Wand pflastern. Dort läuft gerade die Vorschau für einen brutalen Actionstreifen. Leo ist total verängstigt und träumt noch Tage später davon. Er ärgere sich richtig, dass er die Bilder gesehen hat, sagt er und haut sich auf den Kopf, denn die ließen ihn jetzt nicht schlafen. Er möchte dem Chef des Ladens einen Brief schreiben, und das tun mein Mann und er dann auch. Darin schildern sie die Situation und bitten, Konsequenzen daraus zu ziehen. Wenige Tage später erreicht uns die Antwort, in der die Konzernzentrale sich umfassend bei Leo entschuldigt und verspricht, die Test-DVDs, die zu den Bildschirmen von den Firmen mitgeliefert werden, in Zukunft auf ihren Inhalt zu prüfen. Für Leo ist damit die Sache weitgehend bereinigt, und schlafen kann er daraufhin auch wieder. Für ihn war wichtig zu sehen: Man kann etwas bewirken, wenn man den Mund aufmacht.

Thomas schreibt beruflich über Videospiele. Er weiß, wovon er redet, und hat alle Spielkonsolen und den dazugehörigen Technik-Schnickschnack in einer Ecke seines Zimmers stehen. Davor hat er ein hübsches Papierrollo installiert, das man bei Bedarf herunterlassen und damit die ganze Kabelage verschwinden lassen kann.

»Und deine Kinder, sind das auch so Computerfreaks?«, fragen andere Eltern manchmal. Meistens sagen wir: Unsere Kinder wissen, dass es Computerspiele gibt, und fänden es natürlich spannend, mal welche auszuprobieren. Sie wissen aber auch, dass wir sie da nicht ranlassen und dass es noch einige Jahre dauern wird, bis wir das tun. Man kann einfach Sinnvolleres mit seiner Zeit anfangen.

Manchmal aber kann so ein kleines elektronisches Gerät lebensrettend sein. Kürzlich zum Beispiel wachte Quinn aus völlig unerfindlichen Gründen um 5 Uhr morgens auf und wälzte sich geräuschvoll umher, um zu demonstrieren, dass ein weiteres Liegenbleiben absolut unerträglich sei. Dann verließ er das Zimmer und begann trillerpfeifend durch die Wohnung zu ziehen. Das sind die Momente in einem Elternleben, wo man denkt: Ich muss hier weg! Das ist nicht okay! Nicht für uns, nicht für den Bruder, der noch schläft, nicht für die Nachbarn ein Stockwerk unter uns. Als letzte Rettung drückten wir Quinn das iPad in die Hand. Vergnügt stürzte er sich darauf und spielte noch eine gute Stunde ein ziemlich einfältiges, aber harmloses Bauernhof-Quiz. Wir hatten es geschafft, bis immerhin 6 Uhr Zeit zu schinden, und waren beim Aufstehen einigermaßen einsatzfähig für den Tag. Kleine große Freuden des Elternlebens!

Eine Stunde kinderfrei

Auch hier müssen wir Eltern also selbst die Birne einschalten. Was wir zum Beispiel wissen: Fernsehen ist eine Droge. iPad & Co sind auch welche. Und Drogen können durchaus eine schöne Sache sein! Aber damit es keine Kopfschmerzen gibt, sollten wir gelernt haben, den Umgang mit diesen Dingen zu regulieren. Fernsehen gern, aber in Maßen. Wir alle kennen den unsinnigen Spruch: »Guck nicht zu viel fern, sonst kriegst du quadratische Augen!« Das war auch so eine Ausrede, wenn unseren Eltern früher nichts mehr einfiel und wir nach einer Folge *Dick und Doof* schrien.

Wenn unsere Kinder auf die Ansage: »Nein, wir gucken jetzt kein Fernsehen!« fragen: »Warum?«, fangen wir erst gar nicht an, groß herumzuerklären, sondern sagen einfach: »Weil wir lieber was mit euch spielen wollen.«

Die Frage, wie man Fernsehen oder andere Medien wie zum Beispiel das Smartphone oder das iPad in Maßen und sinnvoll einsetzen kann, ist ziemlich schnell entschieden. Inzwischen nutzen wir die Glotze vor allem, um mal für eine Stunde Ruhe in den Alltag zu bringen. Unsere Jungs spielen nämlich selten leise, auch wenn man sich das oft wünscht: ein Kind, das brav auf dem Teppichboden sitzt und stillschweigend etwas aus Lego baut. Pustekuchen! Letztes Wochenende gingen die Jungs gleich frühmorgens große Projekte an: Sie setzten bei Experimenten am Waschbecken das halbe Bad unter Wasser, dann räumten sie lautstark das komplette

Spielzeug aus dem Kinderzimmer ins Wohnzimmer, und dann, schön aufgeheizt durch so viel Aktion, spielten sie noch Fangen im Flur. Und selbst beim gemeinsamen Frühstück, von uns Großen liebevoll zubereitet, waren sie nach gefühlten fünf Minuten fertig und liefen wieder um uns herum. So was hält kein Erwachsener den ganzen Tag durch.

Natürlich finden wir es auch besser, die Kleinen drei Stunden durch den Wald zu jagen und darauf zu hoffen, dass sich infolgedessen eine gewisse Erschöpfung einstellt, die sich gesünder anfühlt als Ruhigstellen durch Medienkonsum. Im Alltag ist das aber nicht immer zu schaffen, sei es wegen des Wetters, weil der Wald einfach weit weg ist oder weil uns Eltern bisweilen die Kraft für eine aufwendige Unternehmung fehlt. Und da wir Großen nach einem Waldausflug übrigens auch erschöpft sind und uns danach mal eine halbe Stunde aufs Ohr legen wollen, sind wir dazu übergegangen, gelegentlich den Ausflug mit einem schönen Kinderfilm hinterher zu kombinieren.

Anfangs sitzen wir noch brav dabei und gucken mit. Wenn ein Elternratgeber überhaupt mit Fernsehen einverstanden ist, dann ja nur unter der Bedingung, das als gemeinsames Familienprogramm zu gestalten. Seit die Kinder aber plötzlich keinen Mittagsschlaf mehr brauchen und trotzdem in aller Herrgottsfrühe aufstehen und mit uns spielen wollen, die Wochenendtage sich also manchmal ins Unendliche dehnen, gehen wir dazu über, uns während der Fernsehzeit ins Bett zurückzuziehen.

Ein bisschen würdelos ist es, die auf diese Weise freigeschaufelte halbe Stunde für Sex zu nutzen. Manchmal sind wir aber so verzweifelt, dass wir auch das tun. Unsere Nachbarin, deren Söhne schon neun und zwölf sind, gesteht etwas verschämt, dass sie den beiden am Freitagabend schon ein Nintendo-Gerät ins Zimmer legt, damit sie sie am nächsten Morgen ausschlafen lassen.

Die Lichter gehen aus

Die härteste Herausforderung ist für uns Eltern, den Kleinen beizubringen, wo der Ausknopf ist. Die Medienvielfalt ist heute wesentlich größer als je zuvor, und auch das omnipräsente Smartphone kann ähnlich fesselnde Qualitäten haben wie ein Fernseher. Ganz davon abgesehen, dass es inzwischen einen Kinderkanal im Fernsehen gibt, wo den ganzen Tag mehr oder (öfter mal) weniger Qualitätsvolles durchgenudelt wird. Der Druck, den Kindern einfach nachzugeben, wenn sie vor die Glotze wollen, ist oft groß. Aber immer öfter schaffen wir es, auch nein zu sagen. So haben wir mit Leo eine Liste geschrieben mit zehn schönen Dingen, die man zusammen machen kann – außer Fernsehen. Sie hängt mitten im Flur und hat sich gerade für die Zeit nach der Schule als sehr hilfreich erwiesen.

Und wenn gar nichts mehr geht, muss man zu unorthodoxen Mitteln greifen. Als Thomas es einmal abends nicht mehr aushält, dass die Kinder nach Fernsehen betteln, kappt er kurzerhand die Stromversorgung, indem er sämtliche Schalter im Sicherungskasten auf »Aus« stellt. Noch tagelang erzählen Leo und Quinn ehrfürchtig von dem geheimnisvollen Stromausfall, wie sie sich daraufhin mit Papa am Fenster den Mond und die Sterne angesehen und dann zum Einschlafen noch gemeinsam eine Geschichte mit der Taschenlampe gelesen haben.

Kapitel 14

»Was sollen die Leute denken!« *Thomas*

Das muss egal sein. Nur dann können Eltern sich endlich freimachen und eine neue, kluge Erziehung probieren.

Erziehung ist keineswegs einfach nur eine Sache zwischen Eltern und ihrem Kind. Es gibt noch ein Phantom, das immer miterzieht: die Nachbarn, die Freunde, die anderen, die mit den kritischen Augen! Es ist egal, ob es sie wirklich gibt. Sie sind echt, oder sie sind kleine Männchen in unseren Köpfen, die gegen unsere Schädelknochen hämmern und nerven.

Meine eigenen Eltern zum Beispiel haben sich, leider, mit ihren Nachbarn auseinandergelebt. Als wir Kinder waren, gab es noch viel Kontakt. Immer saßen die Eltern abends im Garten bei Roséwein (die Frauen), Bier (die Männer) und Martini (alle) zusammen, tagsüber wurden am Zaun Klatsch und Tratsch aus dem Dorf ausgetauscht, und wir fuhren sogar mal gemeinsam in den Urlaub an die Nordsee. Wenn es unschöne Szenen gab, wie in jeder Familie, sagte meine Mutter immer: »Thomas! Sei leise! Was sollen die Schulzes denken!« Die Nachbarn waren als Kontrollinstanz schlimmer als Gott oder der Geheimdienst. Kürzlich, als ich auf der Terrasse meines Elternhauses stand, mich ärgerte, weil während der intensiven Spiele meiner beiden Söhne mit dem Gartenschlauch meine Schuhe und Socken klatschnass geworden waren, und laut fluchte, zischte meine Mutter mir von hinten zu: »Die Schulzes können jedes Wort verstehen!« Ich dachte kurz, ich sei vielleicht schlagartig in die Vergangenheit gereist, ohne es zu merken, wie der Typ aus der Serie *Life on Mars*. Da geht es darum, dass jemand nach einem Autounfall aufwacht und plötzlich mehr als dreißig Jahre in die Vergangenheit zurückgeworfen ist, in die Siebziger, die Zeit seiner Kindheit.

So ging es mir auch. Denn seit Jahren haben meine Eltern und ihre Nachbarn nicht miteinander geredet. Hohe Zäune trennen heute die einst freundschaftlich verbundenen Familien und ihre Grundstücke, ich glaube sogar, die Schulzes und meine Eltern sagen sich nicht einmal richtig Guten Tag. Und trotzdem hat das Gefühl, unter der Beobachtung einer strengen Instanz zu stehen, sich ein Vierteljahrhundert lang gehalten, sodass meine Mutter mich immer noch streng zurechtweist: »Die Nachbarn!«

Neulich sprach die Fernsehmoderatorin Barbara Schöneberger in der *NDR Talkshow* mit einem Gast über Mode. Sie erzählte von ihrem auffälligen Styling als Jugendliche und zitierte dabei ihre Mutter, die das Ganze immer so kommentierte: »Barbara, die Nachbarn!«

Wenn die Tochter zum Porno geht

Es ging uns also allen so. Und die Guten, die haben sich davon befreit. Oder? Die amerikanische Bloggerin, Künstlerin und Pornodarstellerin (seltsame Kombination, ja, aber sehr erfolgreich) Mandy Morbid bedankte sich kürzlich in ihrem Blog bei ihrem Vater: »Danke, Papa, dass du mir das Interesse an Science-Fiction vererbt hast, an Comics und Büchern überhaupt, an Alice Cooper (…) und das komplette Desinteresse daran, ob die Gesellschaft gutheißt, was ich mache.« Auf dem Foto dazu sieht man die heute dreißigjährige Frau als etwa vierjähriges Kind mit einem sehr lässig wirkenden Kerl im Karussell sitzen. Papa trägt Vollbart und Sonnenbrille, sitzt im engen Unterhemd da und raucht. »Danke, dass ihr mich nie wie ein Baby behandelt habt, sondern immer auf Augenhöhe«, schreibt Mandy weiter. Nun ist es für ihre Art von Beruf insgesamt auch sehr hilfreich, sich nicht um die Meinung und die kritischen Blicke der Nachbarn zu scheren. Sie gehört zu der Szene, die man manchmal »Alternativer Porno« nennt. Das bedeutet, in diesen Filmen werden Frauen nicht so herablassend behandelt wie sonst in der Sexindustrie üblich, und die Darsteller sehen oft nach Punk oder Computerfreak aus. Aber letztlich geht's eben doch um Nacktsein und Sex. Mandy Morbid trägt ein Dutzend Tattoos am Körper, darunter Darth Vaders »Tie-Fighter« und ein paar Totenköpfchen im Comicstil, viele an intimen Stellen, doch alle sind der Welt bekannt. Mandy wirkt freundlich und nahbar, sie ist ein Star des Internetzeitalters, bekannt vor allem in der Bloggerszene. Sie antwortet auf Mails, sie geht auch sehr offen mit ihrer Krankheit um, der Bindegewebsschwäche EDS – eine gnadenlos moderne Frau.

Trotzdem bin ich nicht sicher, wie begeistert ich wäre, wenn meine Tochter in zwanzig Jahren kommt und sagt: »Hey, Papa, ich brauche deine Kohle nicht mehr zum Studieren, ich arbeite jetzt in der Pornoindustrie.« Vielleicht kämen dann doch Bedenken in mir hoch, selbst wenn sie dazusagt: »Aber in dem alternativen Zweig, quasi im Underground-Porno. Ganz cool alles.« Ist es nicht vielleicht ganz gut, würde ich mir dann sicher denken, ein klein wenig die Angst vor den Nachbarn im Nacken zu spüren? Hat er nicht auch eine wichtige Funktion, der soziale Druck, der uns alle ein bisschen gleicher machen will und den Kinder durch den Spruch »Was sollen die Nachbarn denken« spüren lernen sollen?

Die Sozialpsychologen grübeln seit rund hundert Jahren darüber, warum wir uns so eifrig den »Leuten« anpassen. Konformität, so nennen sie das Phänomen, ist eine starke Neigung des Menschen – sie drängt uns dazu, das Verhalten und die Meinungen anderer anzunehmen und sich daran zu messen. Wenn man eine Handvoll grundverschiedener Menschen in eine Gruppe steckt und sie längere Zeit miteinander verbringen lässt, gleichen sich ihre Meinungen plötzlich an, das haben Forscher gezeigt. Nun muss man kein Hippie sein, um das problematisch zu finden. Gerade wenn es nicht um eine interessante Gruppe, sondern um die ganze Gesellschaft geht, um Durchschnittsdeutschland. Denn wir leben nach wie vor im Land von ZDF-Volksmusiksendungen und RTL-Reality-Shows, von Auto-Kollaps, Atom-Endlagern und Rinderwahn, nicht alles ist gut hier. Wenn »die Leute« denken, dass das Normale das einzig Wahre ist und man nicht herausfallen darf, denken sie vielleicht falsch. Das würde heute jeder unterschreiben, man sieht sich gern als etwas Besonderes.

Und trotzdem gibt es diesen sehr mächtigen Satz. »Was sollen die Leute denken. Von klein auf wurde mir dieser Generalvorwurf eingeimpft. Bis ich vergessen habe, dass das im Grunde eine Frage ist.« Das schreibt der Münchner Kabarettist Jess Jochimsen in einem kleinen Buch, das er *Was sollen die Leute denken* nannte. Es ist ein Monolog. Da bricht aus einem ziemlich bürgerlichen Typen die Wut heraus, dass er immer auf »die Leute« Rücksicht nehmen soll. Ein wenig muss man beim Lesen manchmal an den Film *Falling Down* von 1993 denken, in dem Michael Douglas einfach alles angreift, was ihn nervt und quält. Freilich in Extremform: Da rechnet einer mit dem Baseballschläger mit allem ab, vom unfreundlichen Verkäufer über reiche Golf-Dandys bis zur Baustelle, die für Stau sorgt. Denn so sieht die Kehrseite des sozialen Konformitätsdrucks aus: Man kann auch mal dran kaputtgehen.

Alte Probleme im Dampfkochtopf

Umso brenzliger wird es, wenn es die Familie berührt. Bei Julia und mir jedenfalls sind die Dinge, mit denen wir selbst nicht gut klarkommen, immer genau diejenigen, bei denen es auch in der Kindererziehung Probleme gibt.

Wie so oft erhitzt sich alles wie in einem Dampfkochtopf, wenn es um die Kinder geht. Ob sie sich nach den kritischen Blicken der anderen richten sollen, müssen Eltern in jeder Situation spontan entscheiden und jeden Tag aufs Neue. Der kalte Schweiß, der ihnen dabei auf der Stirn steht, ist ein Symbol, das man erst einmal verstehen muss: Auf den ersten Blick muss es ja wohl Angst sein, die Anerkennung durch Menschen in der unmittelbaren Umgebung zu verlieren. Aber ich glaube gar nicht, dass es darum wirklich geht. Ich glaube, der Schweiß bricht aus wegen der Unsicherheit, ob wir überhaupt gerade das Richtige tun.

Mir fiel irgendwann auf, dass meine Kinder bestimmten Menschen nicht guten Tag sagen. Mit diesem Verhalten begegnen sie ziemlich stilsicher allen Misanthropen, die ihrerseits wenig Freundlichkeit zeigen. Kommt meine Band, ein Haufen von warmherzigen, lustigen Freaks, zu Besuch, fallen sie ihnen um den Hals. Steht aber Silvie in der Tür, die Freundin unseres Nachbarn, die meist mit der Welt im Clinch liegt, über ihre Mitmenschen lästert und einmal im Hof ein Geschrei anzettelte, nur weil eines der dort spielenden Kinder einen Schneeball gegen ihr Fenster warf, huschen sie an ihr vorbei, als wäre sie ein Gespenst. Dazu habe ich zuerst gesagt: »Was sollen die Leute denken? Dass ihr schlecht erzogen seid?«

Und dann langsam ist mir klar geworden, dass sie vielleicht recht haben mit ihrem Verhalten. Sie reagieren eigentlich ganz adäquat. Bloß dass wir Eltern gern trotzdem die Form wahren würden – so sehr, dass wir manchmal gar nicht mehr erkennen, was wir wirklich fühlen.

Solche Abläufe sind ja schon Stufe drei des Phänomens, das ich die »Leute-Angst« nennen möchte. Stufe eins ist der Zustand, in dem die Kinder ihre ersten drei bis fünf Lebensjahre verbringen: Ihnen ist es total egal, was irgendwer über sie denkt. Sie wissen nicht einmal, dass es sie gibt, diese »anderen«. Ein begnadeter Zustand, von dem man so viel wie möglich lernen sollte. Als mein großer Sohn vier wurde, ließen wir einmal fünfe gerade sein und warfen die alte Elternweisheit »Lebensjahr plus eins, so viele Kinder darfst du einladen« über Bord. Denn er wollte seine ganze Kitagruppe einladen, zwölf Kinder. Wunsch ist Wunsch, also kamen zwölf Kinder. Es war entsetzlich anstrengend. Leo wurde ekstatisch, und ich merke erst spät, warum. Er hatte alle Leute, die er liebt und die in der Nähe wohnen, um sich. Wirklich alle. Uns Eltern, seinen kleinen Bruder und seine Bezugspersonen, seine besten Freunde. Wahnsinn! Diese Art von Party wünsche ich mir seit über zwanzig Jahren. Mein Sohn tanzte wie ein Derwisch herum, lachte und warf schließlich alle Kleider von sich.

Von Rihanna oder Prinz Harry hört man Anekdoten in diesem Stil gern, da ist das cool. Also, warum soll es nicht auch für meinen Sohn wunderbar sein? Das nenne ich Stufe eins: Man fühlt sich unbeobachtet und kann sich total gehen lassen. Dass jemand anders einen dabei nicht mag, kommt einem gar nicht in den Sinn.

Dann kommt bald Stufe zwei: das krasse Gegenteil. Die Mädchen tragen nur noch Rosa, die Jungs gehen nicht mehr zum Tanzkurs in der Kita, auch wenn sie den vorher geliebt haben. Da treten Barbie und Star Wars auf den Plan. Unser großer Sohn zieht bestimmte Klamotten plötzlich nicht mehr an, weil sie nicht cool sind. Genau genommen trägt er nur noch schwarze Klamotten, weil die cool sind. Sonst nichts. Mützen setzt er nie auf, die sind nicht cool.

Stufe drei macht es den Kindern dann noch schwerer, dann kommen wir Eltern noch dazu und maulen, dass unsere »Nachbarn« auch irgendetwas denken. Das Ganze sieht dann wie eine imaginäre Schichttorte an Zwängen und Konventionen aus, und das einst so heitere Kind liegt unten drunter.

Der Vater im Rock

Abends, wenn wir im Bett liegen und es ein bisschen dunkler wird, ist immer Gelegenheit, mal in Ruhe mit den Jungs zu reden. Diese Phase des Tages ist wichtig. Einmal liegen wir also am Fenster, betrachten die immer dunkler werdenden Wolken, und Leo sagt:

»Ich finde das voll blöd, immer gucken die Leute mich an.« Dazu wackelt und windet er sich im Bett herum, als seien Läuse drin und bissen ihn. (Nicht dass das nicht durchaus sein könnte, in Grundschulen gibt es das alles, aber im Moment geht es eher um Seelisches, glaube ich.)

»Stört dich das?«, frage ich mit der gelassenen tiefen Radiosprecher-Stimme, obwohl ich fieberhaft überlege: Wie kann ich ihn fröhlicher machen? Muss ich das? Was ist da los?

»Also, wenn ich die grüne Hose anhabe und dann noch auf dem Gepäckträger bei dir sitze hinten, dann glotzen immer alle Leute, das mag ich nicht.«

»Mir ist das nicht aufgefallen. Mir macht das auch nichts. Wollen wir morgen einen anderen Weg fahren, damit dich kein Bekannter sieht?«

»Das ist ja noch schlimmer, wenn es ganz Fremde sind!«

Wir reden eine Viertelstunde über »die Leute«, und ich halte meine Angst schön geheim, dass vielleicht ich ihm die Furcht vor dieser anonymen, aber mächtigen Instanz vermittelt haben könnte. Der Junge mag nicht gern beobachtet werden, so viel ist klar. Ich verspreche ihm, dass wir uns darum kümmern. Von der NSA und Merkels lascher Haltung sage ich nichts. Irgendwann schläft er einfach ein. Wir haben eine tolle neue Herausforderung: die Leute. Gleich am nächsten Tag machen wir uns an die Arbeit.

Das große Vorbild wäre dann wohl jener Vater aus Baden-Württemberg, der aus Solidarität mit seinem Sohn begann, Röcke zu tragen. Genau das wollte nämlich der Kleine – der ist fünf und findet Röcke stark. Die anderen auf der Straße und die Kinder in seinem Alter stören sich offenbar daran und lachen ihn manchmal aus. Also zieht Papa sich demonstrativ auch einen Rock an und läuft mit. Das vielleicht schönste Erlebnis, von dem er später berichtet: Eine Frau starrt den beiden in der Fußgängerzone so entgeistert hinterher, dass sie gegen einen Laternenpfahl läuft, sehr zum Gelächter des Jungen. Die Geschichte von Nils Pickert, so heißt der Mann, ging um die Welt und wurde in London, New York, China und der Türkei in den großen Zeitungen wiedergegeben. Schön, wenn einer es bewusst tut – der »Skirt Dad« hat nicht auf die anderen Erwachsenen geschielt, sondern sich ganz auf die Ebene seines Sohns begeben und dessen Bedürfnissen gelauscht. Sein Sohn wollte Unterstützung. Egal was die anderen dachten. Schön. Dabei muss man es gar nicht ganz so gezielt wie dieser Mann angehen. Der Zusammenprall mit »den Leuten« kommt ganz von selbst.

Meine Söhne lackieren sich gern die Fingernägel. Nur Leo, der schon in die Schule geht, stößt schnell auf Widerstände. Im Klassenzimmer ging noch alles gut, Siebenjährige sind erstaunlich offen, und wenn einer rote Fingernägel hat, dann ist das eben so. Aber auf dem Schulhof haben ein paar Größere ihn deswegen gehänselt. Also konnte er, wie er später traurig berichtet, beim gemeinsamen herbstlichen Blättersammeln gar nicht recht mitmachen, weil er die Hände die ganze Zeit in seinem Ärmel verstecken musste. Das gefällt mir nicht, ich gehe also mit ihm zur Drogerie und suche mit ihm gemeinsam »Herren-Nackellack« aus. Den habe ich dafür kurz selbst definiert: dunkle Farben. Wir kaufen Schwarz und Dunkelgrün-Metallic. Mein Sohn bekommt Schwarz und wird am nächsten Schultag nicht mehr gehänselt. Die Großen sind sich plötzlich unsicher, ob das Goth oder irgendwas anderes krass Cooles ist, und lassen ihn lieber in Ruhe. Bei den Kleinen sagt er, Darth Vader habe auch schwarze Fingernägel, und man glaubt ihm.

Dunkelgrün-Metallic nehme ich selbst. Wenn Leute mir sagen, dass sie das irritierend finden oder fragen, was das soll, sage ich: David Bowie darf das auch, warum nicht ich?

In kleineren Alltagsdingen freuen wir uns auch mehr und mehr an den (ehrlich gesagt immer noch seltenen) Gelegenheiten, aufzufallen. Bei einem Chinesen habe ich ein langes, kleines Fahrrad gekauft, mit einem umgebauten 20-Zoll-Gestell, das einen Extrasitz mit Lenkstange für ein Kind mit angebaut hat, zwischen dem Lenker und mir. Mein Kleiner, Quinn, sitzt auf diesem Kindersattel. Leo, der Große, sitzt hinter mir auf dem Gepäckträger. So düsen wir durch die Stadt und erregen ein bisschen Aufsehen. An einem belebten Platz, an dem Leute in Cafés sitzen und Spaziergänger sich hier und da entlangschieben, schreien beide Kinder plötzlich: »Mein Vater hat gefurzt! Hier, der hier, unser Vater hat gefurzt! Hilfe!«

Was sollen die Leute denken? Etwa, dass hier ein Mann mit Blähungen vorbeifährt? Na, dann denken sie das eben!

Entropie im Kinderzimmer.

Kapitel 15

»Räum dein Zimmer auf!« *Thomas*

Der Kampf gegen Entropie, Chaos und Unordnung raubt Eltern täglich Stunden und auf lange Sicht wahrscheinlich Monate ihres Lebens. Man sollte ihn einfach aufgeben.

Das gute alte »Räum dein Zimmer auf« in all seinen zahlreichen Varianten ist einer der klassischen Sätze, mit denen Eltern ihre Kinder nerven. Gern auch in der vorwurfsvollen, indirekt einfach nur die Welt anklagenden Version: »Hier sieht es aus, als hätte eine Bombe eingeschlagen!« Alle erinnern sich noch mit Wut an diese Sätze, auch und gerade die, die sie heute selbst gern sagen. Wie wir.

Leider ist der Kampf gegen die Entropie hoffnungslos. Entropie ist in ein Wort aus der Physik, das gern etwas vereinfachend mit Unordnung und Chaos übersetzt wird. Der Clou daran: Sie nimmt, das ist ein Naturgesetz, immer nur zu. In physikalischen Prozessen jedenfalls. Und in Kinderzimmern.

Gibt man seinen Kindern viel Spielzeug, bildet das eine fest im Teppich verankerte Schicht aus Krempel. Figuren und Teile von Figuren, Bausteine, Schnüre, Zettel, Stifte. Von sich aus kommen Kinder nicht darauf, das zu ändern. Aufräumen ist deswegen immer mit Zwang verbunden. Und darin steckt das Problem.

Denn es gibt natürlich alle nur erdenklichen »Tricks« zu diesem Thema. Wenn ich öffentlich äußere, dass »Aufräumen« mir als eines der großen Probleme des Familienlebens erscheint, gibt es garantiert irgendeinen Besserwisser, der mir erklärt, wie man es machen müsse. Wenn die Kinder aufräumen, bekommen sie ein Gummibärchen. Wenn die Kinder fernsehen wollen, müssen sie erst aufräumen. Wenn die Kinder nicht aufgeräumt haben, macht man ihnen einfach mal kein Abendbrot, die verhungern schon nicht.

All diese Dinge höre ich dann. Ich möchte aber eigentlich nicht, dass meine Kinder für ein Gummibärchen aufräumen. Das erinnert mich an die große Selbstkasteiung des Erwachsenenlebens: Keiner mag ins Büro gehen, eigentlich hassen es alle, aber man tut es für den Gehaltsscheck und das sinnlose Besäufnis am Freitagabend. Für diese Art von Selbstbetrug bleibt später noch genug Zeit im Leben meiner Kinder.

Der amerikanische Psychologe Marshall B. Rosenberg, Erfinder der »gewaltfreien Kommunikation«, berichtet einmal, wie er seinen Kindern irgendwann keine Vorschriften machte. Sie müssen, beschloss er, selbst lernen, wann sie zu Bett gehen. Er teilte ihnen zwar sein Bedürfnis nach Ruhe mit (»Ich möchte euch nicht hören, sehen oder riechen«), erlaubte aber ansonsten alles.

Am ersten Abend machten sie beinahe bis zum Morgen durch. Danach waren sie müde. Nach ein paar Tagen hatten sie kapiert, dass sie Schlaf brauchen, und gingen ganz normal ins Bett. Um acht, jene Zeit, die viele Eltern täglich auskämpfen. Aber sie taten es freiwillig, es war jetzt ihre Entscheidung. Rosenberg sagte auch einmal: »Ich finde, es gibt kaum etwas

Gewalttätigeres, als zu sagen: Ich liebe dich, wenn du dein Zimmer aufräumst. Denn das zerstört die Schönheit von Liebe, indem es sie an Bedingungen knüpft.«

Statt der Ordnung kommt eine schöne Überraschung

Also versuche ich es kooperativ. Zuerst lassen wir unsere Jungs machen und warten, bis sie bemerken, warum es sinnvoll ist, manchmal aufzuräumen. Man findet nichts mehr. Das merken sie offenbar schon. Mehrfach am Tag höre ich »Wo ist denn die Taschenlampe?« und »Ich finde meinen Malblock nicht.« Das Zimmer entwickelt sich nach und nach zu einer Halde. Leider spricht sie nicht, wie die bei den »Fraggles«. Die Kinder spielen plötzlich im Wohnzimmer. Als ich frage, warum, sagt Quinn: »Na, ist doch klar. Bei uns ist es total verräumt. Da kann man nicht mehr spielen.« (»Verräumt« ist in seiner Sprechweise das Gegenteil von »aufgeräumt«.)

Also muss eine neue Strategie her. Ich gehe mit den Kindern einige der Dinge durch, die unbeachtet am Boden liegen und das Zimmer zu einer Stolperfalle machen.

»Hier, den Saurier ohne Kopf, braucht ihr den noch?« – »Ja!«, schreit Quinn. »Das ist mein Langhals.«

»Und da, das Auto, bei dem die Reifen fehlen, das kann doch weg?« – »Nein!«, schreit Leo. »Der Abschlepphaken oben drauf funktioniert doch noch.«

»Aber dieser kleine Globus von Oma, der ist aus der Halterung gebrochen, und den habt ihr seit Monaten nicht angesehen!« – »Nein!«, schreit Quinn. »Ich liebe meinen Globus. Gib her!«

Und so geht es bei jedem Gegenstand weiter. Bis hin zu einer alten Eintrittskarte aus dem Zoo. »Da durfte man Seesterne streicheln! Ah, Seesterne! Ich will sofort wieder da hin!«

Die Laterne, die Leo als ganz kleines Kindergartenkind vor vier Jahren mit Kleister gebastelt hat, liegt zertreten am Boden. Meine eigene Laterne, die ich als Vierjähriger im Kindergarten bastelte, hängt heute noch im Keller meines Elternhauses – unversehrt.

Irgendwas stimmt hier nicht, finde ich. Unser Verhältnis zur Ordnung und die Erwartung an die Kinder, nach den Vorstellungen der Erwachsenen Ordnung zu halten, ist wahrscheinlich schon grundsätzlich faul. Das führt wieder auf das alte Thema »Kinder brauchen Grenzen« zurück: Dieser Spruch ist fast immer nur so gemeint, dass wir Eltern den Kindern Grenzen setzen sollen, also ihnen klar sagen, was sie alles nicht dürfen. Von Gegenseitigkeit ist komischerweise nie die Rede. Dabei verletzen wir auch ständig die Grenzen der Kinder, latschen in ihr Zimmer, zwingen ihnen unsere Vorstellungen auf, statt mit ihnen zu verhandeln. Wer Kinder großziehen will, sollte sich von perfekter Ordnung lieber verabschieden.

Wir greifen trotzdem, als Test und zum Spaß, noch einmal zu einer radikalen Maßnahme. Und zwar haben wir eine Idee, mit der wir in die Geschichte einzugehen hoffen. Ich nenne sie »das spielzeugfreie Kinderzimmer«.

Unsere Kinder, die alles Neue immer spannend finden, sind einverstanden. »Aber nicht wegwerfen! Nur zwei Wochen wegstellen!« In Ordnung. Also schaffe ich Legoteile, Star-Wars-Figuren, Rasseln und Ratschen, Puppen und Flummis und vor allem das Playmobilspielzeug, das ich immer schon hasse und unzeitgemäß finde, runter in den Keller.

Die Kinder spielen weiter – so fröhlich wie zuvor. Sie bauen Häuser aus Tüchern, basteln sehr viel, kleben Flugzeuge aus Pappverpackungen und schlingen Schnüre um die Pfosten des Hochbetts. Ein Gebilde wie von Kurt Schwitters, dem Künstler des Dadaismus. Dieser konstruierte in den dreißiger Jahren seinen *Merz-Bau*, ein raumgreifendes Kunstwerk in der eigenen Wohnung. Irgendwann wurde es so groß, dass es sogar die Decke sprengte. Das Zimmer ist zwar ordentlicher und übersichtlicher. Schließlich fehlt der ganze kleinteilige Kram, der es immer so schnell in ein Chaos verwandelt hat, das Lego, die Klötze, die kleinen Plastiktiere. Aber das scheint plötzlich alles nicht mehr so wichtig. Viel interessanter ist, dass wir eine neue Art des Spielens entdecken.

Mit scheint das alles viel kreativer als das bisherige Spielen. Mir scheint, ich habe etwas Bahnbrechendes bewiesen: Kinder brauchen kein teures Spielzeug! Haben sie nichts, wird alles zum Spielzeug, und es wird viel lustiger. Die Wissenschaft möge bitte die Druckpressen anhalten und die pädagogischen Handreichungen umschreiben. Jetzt kann die Plastikkrempel-Industrie sich warm anziehen!

Trotzdem hole ich nach zwei Wochen den Kram wieder aus dem Keller hoch, schließlich habe ich es versprochen. Die Klötze und die Schienen kommen wieder, die Gummitiere und die Autos.

Die Kinder freuen sich. Sie stürzen sich darauf und bauen aus Klötzen eine Garage für Saurier und Holzlastwagen. Sie spielen auch mit dem Spielzeug sehr schön. Etwa zwei Tage lang. Und dann herrscht wieder das große Chaos.

Kapitel 16

»Kinder brauchen Vorbilder.« *Julia*

Wir haben die lahmen Enten in Kinderbüchern satt! Wir wollen Räuber und Wilde Kerle!

Eltern müssen den Kindern die Lektüre nahebringen, daran geht kein Weg vorbei. Als Leo ein paar Monate alt ist, lese ich ihm zum Einschlafen einen Artikel aus der Tageszeitung vor, der mich selber interessiert. Leo ist noch zu klein, um den Sinn des Vortrags zu verstehen. Doch mein ruhiger, monotoner Tonfall geleitet ihn sanft in den Schlaf hinüber. Mission erfüllt. Mein Mann steckt den Kopf zur Tür herein und flüstert: »Willst du ihm nicht auch gleich noch die Bedienungsanleitung für die neue Küchenmaschine vorlesen? Ich versteh nur Bahnhof.«

Ach, wie schön könnte das Vorlesen sein, läge die Entscheidungsgewalt stets bei uns Eltern. Doch die Kinder entwickeln ihre eigenen Vorstellungen davon, was sie interessiert. Als Zweijährige bekommen sie von wohlmeinenden Verwandten großformatige Bilderbücher über Baustellen geschenkt. Abend für Abend muss nun im Detail besprochen werden, was der Löffelbagger und der Kipplaster da tun, und – schau! –, auf der nächsten Seite kommt der Betonmischer, und, boah, da wird ja schon der dampfende Asphalt plattgewalzt. Das mag kleine Jungs in dem Alter interessieren, meine Phantasie und Ausdauer ist dahingehend etwas begrenzt.

Dem Rat einer Bekannten folgend, werden die Bobo-Siebenschläfer-Bücher angeschafft. Satte 1,5 Millionen Exemplare hat der Verlag bis heute an unbescholtene Eltern verkauft. Natürlich ist es uns kritischen Eltern nicht recht zu machen. »Schau dir nur die schlechten Illustrationen an«, mäkel ich vor Thomas herum. »Die Proportionen der Gliedmaßen stimmen überhaupt nicht.« Den Jungs sind künstlerische Aspekte einerlei. Abend für Abend kauen wir nun die Höhepunkte im Leben der Siebenschläferfamilie durch: Wie sie morgens aufstehen, in den Urlaub fahren, Weihnachten und Geburtstag feiern. Alle Geschichten folgen dem Muster: Bobos Papa fährt zur Arbeit, Bobo weint, Mama tröstet. Stinklangweiliger Alltag. Wenn ich den Satz »Hoppla, jetzt hat Bobo den Apfelsaft verschüttet!« vorlesen muss, werde ich jedesmal aggressiv. Auch wenn meine Kinder das toll finden.

Noch so eine lahme Ente ist Conni Klawitter, aber von den Büchern über sie wurden sogar mehr als zwei Millionen Exemplare verkauft. Conni ist ein süßes kleines Mädchen und bekommt irgendwann auch mal einen süßen kleinen Bruder. Sie hat Mama und Papa und erlebt ansonsten alles, was einem als Kind so im Durchschnitt auch widerfährt: Sie geht in den Kindergarten, sie besucht ihre Freundin auf dem Bauernhof, sie lernt schwimmen. Conni flippt nie aus. Ihre Eltern flippen nie aus. Im Conniland gibt es keine Schwulen, keine Alten, keine Kranken. Bloß einen Quotentürken im Kindergarten, das ist aber schon alles. Conni machts nichts, was verboten ist. Ihr erstes Rad bekommt Conni von den Eltern geschenkt, mit Papa kauft sie den passenden Helm dazu und geht dann auf den Verkehrsübungsplatz. Gähn. Wir waren schon mal weiter. Man muss nur an Astrid Lindgrens Figuren denken, die ja immer noch ein Klassiker sind. Etwa an Michel aus Lönneberga, den Inbegriff kindlichen Unfugs, und seinen cholerischen Vater. Zum Vergleich: Lindgrens Lotta von 1971 klaut sich im Dorf ein Rad, rast damit den Abhang herunter, havariert mit voller Geschwindigkeit im Gebüsch, und die Geschichte ist rund und schön. Weit und breit sind keine Erwachsenen, höchstens in Gestalt von freundlichen Bekannten, dem Müllwagenfahrer zum Beispiel, der Lotta auf der Straße begrüßt.

Räuber Hotzenplotz, übernehmen Sie!

Thomas und ich lesen selbst gerne, eigentlich lesen wir auch sehr gern mit den Kindern. Aber bei Büchern, die uns selber nicht gefallen, fangen wir aus Langeweile beim Vortrag an zu leiern oder gar Absätze zu überspringen. Die Kinder merken dann, dass die Geschichte zu schnell dem Ende zustrebt, und rufen: »Mama! Warum liest du so komisch?« Manchmal schlafen wir auch einfach beim Lesen ein. Dann weckt uns ein unsanfter Stoß in die Rippen oder ein Finger im Auge. »Lies weiter!«

Irgendwann haben wir die Nase voll. Erst fangen wir an, uns zu verweigern (»Nein, *Bob der Baumeister* lese ich heute Abend auf keinen Fall vor!«). Als die Zeit für etwas komplexeres Schriftgut gekommen ist und die Kinder auch mit weniger Bebilderung auskommen, gibt es kein Halten mehr. Ottfried Preußlers Räuber Hotzenplotz mit seinen sieben Säbeln, Maurice Sendaks ungezogener Max aus *Wo die Wilden Kerle wohnen* und Paul Maars querulantisches Sams treten auf den Plan. Der kleine Trenk, der es vom Leibeigenen bis zum

Ritter schafft (*Der kleine Ritter Trenk* von Kirsten Boie). Die allzeit bereite Feuerwehr, die vor lauter Einsätzen nicht zum Frühstücken kommt (*Bei der Feuerwehr wird der Kaffee kalt* von Hannes Hüttner). Carlo Collodis Lügenbold Pinocchio, der sich am Ende aus dem Bauch des Walfisches befreit. Wir lesen nur noch vor, was uns auch gefällt, vor allem solche Geschichten, die lustig sind und völlig unkorrekt.

Die Kinder sind stets aufmerksam dabei. An komischen Stellen im Buch rasen sie vor Begeisterung, zum Beispiel bei dem Satz »Haben Sie Grießbrei in den Ohren?«. Er stammt aus einer Geschichte von Ursula Wölfel, in der ein Mann versehentlich einen Bahnbeamen auf einem Plakat für echt hält. Er wundert sich, dass der Mann auf seine Frage »Hat der Zug Verspätung?« nicht reagiert und findet das sehr unfreundlich. Die Kinder bitten mich jedes Mal, den Satz mehrmals vorzulesen, und jedes Mal schütten sie sich aus vor Lachen. Wenn es spannend wird, etwa, als sich ein Komet dem Mumintal nähert (in dem Buch von Tove Jansson), dann versichern sie sich durch Nachfragen, dass noch alles gut ist.

Das Lieblingsbuch des fünfjährigen Quinn ist Jakob Martin Strids *Unglaubliche Geschichte von der Riesenbirne.* Darin erhalten der Elefant Sebastian und der Kater Mika eine mysteriöse Flaschenpost mit einem Samen darin, aus dem sie über Nacht eine gigantische Birne in ihrem Garten ziehen. Damit ist der Vizebürgermeister Knorzig, ewiger Nörgler und Querulant, nicht einverstanden. Letztlich landen die Freunde in der zum Hausboot umgebauten Birne im Meer, der Schurke und Hitzkopf Knorzig feuert mit dem Maschinengewehr hintendrein. Da greift sich ein Oberst Kawumm, hoch dekoriert mit Orden, den kleinen Vize und sagt: »Nun bin ich seit 43 Jahren Soldat, und ich kämpfe gern für mein Land. Aber auf eine Birne schießen, nur weil die ins Meer gefallen ist … so was tut man nicht!« Nicht nur Quinn liebt diese Stelle, auch ich bin jedes Mal begeistert. Bezeichnenderweise ist der Autor und Illustrator kein Deutscher, sondern ein junger Däne. In einem deutschen Kinderbuch wäre ein so humorvoller Umgang mit dem Militär wohl nicht denkbar. Das Beste aber ist, dass der am Ende einsichtige Knorzig trotz seiner üblen Taten mit einer Rüge davonkommt. »Du hast ziemlich viel Mist gebaut, Knorzig.« »›Ja‹, sagte Knorzig. Und dann redeten sie nicht mehr darüber«, heißt es. Auch diese Stelle liebt Quinn – natürlich.

Erzieher auf dem Prüfstand

Wenn Thomas und ich etwas vorlesen, worüber wir gemeinsam mit den Jungs lachen können, ist der Familienfrieden gesichert. Etwa, wenn nicht das Verhalten der Kinder, sondern unsere Rolle als Erzieher auf den Prüfstand gestellt wird, wie in *Anton und Antonia machen immer Chaos* von Juma Kliebenstein und Edda Skibbe. Antonias Mutter bekommt nach einem katastrophal verlaufenen Kindergeburtstag im Wellenbad von einer der Mütter zu hören: »Ich hoffe, es war nicht zu anstrengend für Sie. Nach Mareks Geburtstag wäre ich am liebsten ausgewandert.« Und antwortet darauf so: »Nächstes Jahr sagen Sie mir Bescheid. Dann komme ich mit.« Dann besinnt sie sich kurz und hat eine bessere Idee: »Ach was. Nächstes Jahr feiern wir ja bei McDonald's!« In der Frittenbude! Uns allen gefällt es auch, wenn die Rollenmuster unterlaufen werden, ohne dass pädagogisch korrekt daran herumgedeutelt wird.

In Gunilla Bergströms Willi-Wiberg-Büchern aus den siebziger Jahren ist Willis Papa alleinerziehender Vater, der mit Küchenschürze und Pantoffeln den Haushalt macht, Pfeife raucht und gerne ungestört die Zeitung liest. Morgens bringt er Willi im Bus zur Kita, bevor er zur Arbeit geht. In einer Geschichte ist Willi, so wörtlich, »ungezogen« und will nicht ins Bett gehen. Immer fällt ihm noch etwas ein, um seinen Vater auf Trab zu halten. Mal hat er noch Durst, dann kippt das Glas um, dann hat er vergessen, die Zähne zu putzen, dann will er noch eine Geschichte hören. Im Gegensatz zu den Lehrgeschichten der schwarzen Pädagogik bleibt Willis Verhalten jedoch weitgehend folgenlos. Alles, was passiert, ist, dass Willis Papa irgendwann selber so müde geworden ist, dass er direkt vor dem Sofa auf dem Fußboden einschläft. Die Illustration des am Boden liegenden Vaters mit den Pantoffeln, während der Sohnemann hellwach und etwas ratlos daneben steht, ist sensationell. »Willi muss lachen. Papa sieht so lustig aus, wie er da liegt und schläft. Willi nimmt eine Decke und deckt Papa gut zu. (…) Jetzt will er nicht mehr rufen. Ein Papa, der schläft, kann ja nichts mehr bringen. Und rufen macht nur Spaß, wenn dann jemand kommt, findet Willi.« Das Tolle daran ist, dass hier weniger die Kinder, sondern vielmehr die Erwachsenen einen Spiegel vorgehalten bekommen. Gleichzeitig aber könnte es Kinder auch dazu bringen, ihre gerade mal überforderten Eltern in Ruhe zu lassen – auch weil in diesem Zustand mit ihnen nichts anzufangen wäre.

Unser siebenjähriger Sohn Leo liebt es besonders, als Leser veralbert zu werden wie in Andy Stantons *Sie sind ein schlechter Mensch, Mr. Gum!,* wo am Ende der Geschichte dick und fett »ENDE« steht, aber noch einige Seiten folgen. Natürlich will Leo weiterblättern. Und da stehen dann Sätze wie: »Ich weiß, was du denkst. Du denkst: *Wieso ist diese Geschichte zu*

Ende, und trotzdem sind hintem im Buch noch lauter Extraseiten? Da ist doch bestimmt irgendwo noch eine GEHEIME BONUS-GESCHICHTE versteckt. Das kannst du vergessen. (…) Also leg das Buch sofort hin. Es ist zu Ende. Geh deine Mutti belästigen, sie soll dir einen Keks geben oder so was.« Natürlich folgt nach einigen wüsten Seiten (»Tra-la-la-la-la«, »GEH WEG. TSCHÜS.«) noch die Bonus-Geschichte. Leo geht so mit dieser Geschichte mit, dass ich den Eindruck habe, er fühlt sich wirklich ernst genommen. Weil er als kindlicher Leser ehrlich und direkt angesprochen wird. Es ist, als ob Stanton direkt mit ihm herumalbern würde.

Leo ist sogar so ernst dabei, dass er, kaum dass er in der Vorschule Buchstaben schreiben gelernt hat, einen Leserbrief an Ingo Siegner, Verfasser der zahlreichen Drache-Kokosnuss-Bücher, schreibt. Darin beschwert er sich, dass der Fressdrache Oskar so lange nicht mehr vorgekommen sei. Siegner machte das einzig Richtige: Er antwortete Leo umgehend, entschuldigte sich und schrieb, dass Oskar eine Zeit lang Urlaub gemacht habe, aber im nächsten Band wieder mit von der Partie sein werde.

Darauf Leo:

LIPA ENKKO SITNA SCHON WÜH DAINH ANTWOT ECH HISH LEO:
ONT ECH WHNDHÄS SCHON DAS DU AINH ANTWOT SCHRAIPST MAI
NAMH HIST LEO ECH WONH EN TEA SCHTRÜKA SCHTRASH
NOIN SCHONE KRÜSHE ENNKO SITNA!

»Lieber Ingo Siegner, danke schön für Deine Antwort. Ich heiße Leo, und ich finde es schön, dass Du eine Antwort schreibst. Mein Name ist Leo, ich wohne in der Strükerstraße neun. Schöne Grüße, Ingo Siegner!«

Lipa Enkko! Der Brief an den Kinderbuchautor Ingo Siegner

Kapitel 17

»Wir haben es für die Kinder getan.« *Thomas*

Deutschland ist urbaner als die meisten Länder dieser Welt: Ein Drittel von uns lebt in der Stadt, und es werden mehr. Nur eine Volksgruppe flieht reflexartig ins Umland – die Eltern.

Viele Erziehungsweisheiten stammen aus Zeiten, in denen Kinder nicht viel zu melden hatten. Einiges geht bis ins 19. Jahrhundert zurück. Doch viele der Klischees, die Eltern heute im Kopf haben oder immer wieder mal unbedacht aussprechen, sind auch ganz neu, etwa der Satz: »Ich hab's für die Kinder getan.« Wir aus der Mittelschicht, nach wie vor die tonangebenden zwei Drittel der Deutschen, sind es heute von Jugend an gewöhnt, uns selbst zu verwirklichen, wir wählen Sportkurse, Musikinstrumente und unseren Stil nach Lust und Laune. Männer wie Frauen studieren, wenn sie es wollen und was sie wollen. Die Möglichkeiten scheinen unendlich. Doch dann kommen die Kinder, und man fällt unversehens in das alte Rollenbild zurück: Der Mann macht Karriere, die Frau macht zu Hause den Rest, die Familie kauft zwei Autos und zieht an den Stadtrand. Der Seufzer, der das alles begleitet, heißt: »Wir haben es für die Kinder getan. Wir vermissen zwar das anregende Stadtleben, aber Kinder brauchen das Grüne. Die Kinder sind draußen sicherer.«

Auch Julia und ich reden ab und zu davon. Wenn wir auf unserem Sofa sitzen, das noch harmlose, schöne Baby auf dem Arm halten und von hinten aus dem Kinderzimmer dumpfe Geräusche erklingen – Kanonenschläge, als fielen schwere Gewichte um, gefolgt von Geschrei, dann Streit, dann Weinen und weiteren dumpfen Rumsern –, dann sagt immer einer von uns: »Wie schön wäre eine Terrassentür.« Wir stellen uns vor, es gäbe diese Tür, die in den Garten führt, oder, noch besser, in einen großen, sicheren Hof, auf dem weitere Kinder spielen. Wir würden die Tür öffnen, die Jungs sprängen beschwingt hinaus, um sich voller Tatendrang an der frischen Luft zu vergnügen. Meine Frau schließt dann die Augen, und ich glaube, sie träumt kurz von der Ruhe, die in dieser Wohnung herrscht, und dem Glück, das draußen in den Kinderaugen stünde. Und von Vogelgezwitscher. Da rumst es wieder.

Die Höfe, die Wiesen, die Ruhe, das alles gibt es ja auch. Wir wohnen in Berlin, die Stadt ist vielseitig und riesengroß. Man müsste die zentralen Stadtteile mit wohnungsnahen Einkaufsmöglichkeiten und Cafés einfach hinter sich lassen, sich von den Freunden, die um die Ecke wohnen, und von der Stammkneipe in Gehweite verabschieden. Dafür bekäme man Stille, mehr Platz, eine kindgerechte Welt.

»Ich will aber nicht nach Hohenschönhausen«, sage ich dann. Hohenschönhausen. Eine dieser Gegenden, in denen es sehr ruhig ist und man günstig wohnt, mit Garten. Nur: Das nächste Kino ist ungefähr so weit entfernt wie Hamburg von Bremen.

Mein Hamburger Freund Knut hat diesen Schritt getan.

Er hat den Szenebezirk verlassen. Die Gegend, in die er mit mir als Student gezogen ist und in der bis heute junge Menschen und Freiberufler gern leben, in der es Bars gibt, die letzten Videotheken für Cineasten, die seltsamen kleinen Läden mit Rucksäcken aus Lkw-Plane und Ähnlichem – all dem hat Knut den Rücken gekehrt.

Er ist mit seiner Familie an den Stadtrand gezogen, in ein Haus. Das Meer ist nicht mehr weit. Aber irgend so ein Argument haben sie alle, egal ob in Hamburg, am Alpenrand oder an der Weinstraße. Es ist eine fixe Idee, die viele schon als werdende Eltern, noch während der Schwangerschaft, im Kopf haben: Wenn die Kinder kommen, gehen wir ins Grüne. Offenbar stellt man sich dann vor, wie die Kinder aus Bullerbü an Mittsommernacht über Zäune springen. Wie die Kleinen ohne Angst vor tödlichen Autos auf dem Tretroller in den Sonnenuntergang düsen, auf Wiesen liegen, mit der Natur aufwachsen, ergo sorglos. In Naturromantik waren wir Deutschen immer schon besonders groß.

Knut ist raus

Wie geht es Knut? Bei dieser Frage stöhnt er. »Die Kinder lieben es hier, bloß wir Erwachsenen hatten echt einen schwierigeren Start. Es stehen halt überall hübsch sanierte Einfamilienhäuser, die Papas haben alle Autos, gucken Fußball und grillen gerne.« Dagegen ist ja nicht unbedingt etwas zu sagen. Aber Knuts Sache ist das nicht. Dennoch verteidigt er die neue Lebensweise: Ihm und seiner Frau sei inzwischen klar geworden, dass sie vorher eben in einer Blase gelebt haben, die in Deutschland in dieser Intensität wahrscheinlich recht selten sei – »Das, was wir als junge Menschen immer für das wahre Leben gehalten haben, gibt es doch nur in größeren Städten und in der Nähe der Unis oder der Ausgehviertel. Aber ich sag dir was«, fügt er mit Verschwörerblick hinzu, »Deutschland ist anders.«

Ja, und Knut fühlt sich in diesem Deutschland wie ein Fremder. Als er erzählt, dass er »etwas mit Fotografie und Internet« mache, wundern sich seine neuen Nachbarn. In der Kita siezt man sich, und als Fahrradfahrer hat er schnell den Ruf eines »Ökos« weg. »Das Wort hab ich seit Jahren nicht gehört!«

»Ich will aber nicht nach Reinickendorf«, sage ich immer gern zu meiner Frau. In Reinickendorf, am Tegeler Forst, im Norden Berlins, da hat man Platz. Nur: Zu meinem nächsten Bekannten muss ich eine knappe Stunde fahren.

Knut hat einerseits recht, andererseits liegt er schrecklich daneben. Finde ich jedenfalls. Erstens: Es stimmt, die Großstädte sind nicht die Republik, und ihre Innenstädte oder ihre angesagten Viertel erst recht nicht. Aber was soll's! New York ist auch nicht wie der Rest der USA, wie Amerikaner immer wieder betonen. Nur: New York ist aufregender und moderner als vieles andere dort. Immer wieder schauen alle Augen nach New York, die Kids hören die Musik, die dort gemacht wird, die Frauen tragen die Mode, die dort entworfen wird, und wer es sich leisten könnte, wäre dort.

Das Thema, um das es hier geht, ist natürlich weder Mode noch Lifestyle. Alle wissen, wie unwichtig diese Dinge sein können. Julia zum Beispiel freut sich, dass es in unserer Gegend Kneipen und Bars gibt – aber sie selbst geht praktisch nie dort hin. Gerade stillt sie das dritte Kind, es ist nicht die richtige Zeit für die Theke. »Aber erstens kommt das bald wieder, und zweitens fehlt es mir im Moment nicht. Ich bin abends eh zu müde«, meint sie. »Aber ich weiß, dass das alles da draußen um die Ecke ist, und das beruhigt mich ungemein.«

Bei meinem Freund Paul, der nach der Geburt seiner ersten Tochter plötzlich nicht mehr zu unseren Skatrunden erschien, da war es wohl was anderes. Er gestand mir später, dass er mit den gemütlichen Runden in der Eckkneipe für immer Schluss gemacht hat, und zwar unter Schmerzen. Bei ihm war es seine Frau, die einfach nicht mehr wollte, dass er sich abends um Kreuzbuben kümmert statt um seine kleine Herzdame. Und auch Frank, der Bassist, der damals mit seiner Familiengründung schlagartig die Band verließ, in der wir beide spielten, tat dies nicht aus ganz freien Stücken. Beide dachten wohl, als Papas müsse man eben häuslich sein, und mit dem alten Leben sei es nun endgültig vorbei. Wer Kinder hat, probiert sich nicht mehr aus und tut im Wesentlichen nur noch Dinge, die ganz direkt dem Familienkonto nützen. Basta.

Das ist dann der Moment, in dem Eltern ihren eigenen Wünschen und Plänen vom Leben zuwiderhandeln und es mit den Kindern begründen. Es kann das Musikinstrument sein, das man plötzlich beiseite legt, das Basketballtraining, von dem man sich abmeldet, oder der Kneipenabend mit drei Freundinnen, der plötzlich nicht mehr drin ist. Meistens aber ist es der Rückzug »ins Grüne«. Der Drang zur Ländlichkeit ist das beste Beispiel dafür, wie wir etwas den Kindern zuliebe tun, was die gar nicht unbedingt brauchen. Und ja, ihr lieben Menschen, die ihr Waldrand, Kühe und Kuckuck schon immer geliebt habt oder aufrichtig null und nichts in der Stadt vermisst, ihr seid natürlich ausgenommen.

Knut ist aber eben genau so einer nicht. Denn in seiner

neuen Umgebung leben alle das, was deutsche Paare seit Jahrzehnten so machen: Morgens um viertel vor acht steigt Papa in den Wagen und fährt zur Arbeit, Mama bringt die Kinder in die Schule und kümmert sich später darum, dass sie auch zum Fußball kommen. Das kann alles schön und gut so sein, wenn alle einverstanden sind. Nur passt Knut da nicht rein. Er kennt das Leben als Fotograf so, dass man arbeitet, wann man will. Hauptsache, der Job ist rechtzeitig erledigt.

Der Meckerrentner auf dem hohen Balkon

Trotzdem erklärt er mir, dass es ihm gut gehe, die Miete sei günstiger, das Dorffest habe den Kindern gefallen, es gebe auch einen lokalen Fußballverein, sonntags sei am Sportplatz richtig was los. Auch ich weiß nicht, ob das Land oder die Stadt besser ist, wahrscheinlich kann man diese Frage gar nicht beantworten. Ich weiß aber, dass Knut sich mitten in großen Metropolen immer sehr wohl gefühlt hat.

Und ich, ich will einfach nicht nach Alt-Lichterfelde. Das sage ich manchmal zu meiner Frau. Alt-Lichterfelde, diese grüne, ländliche Gegend im Süden Berlins, wo man manchmal einen alten Hof günstig bekommen und ausbauen kann. Aber die nächste Bar mit Live-Musik ist … na ja, wie schon gesagt.

Die Sehnsucht nach Wald und Wiese kennen Julia und ich durchaus. Gern erinnern wir uns an ganztägige Ausflüge mit den Kindern, und im Urlaub fahren wir gelegentlich in ein Häuschen im Allgäu, wo einen morgens die Kühe und Traktoren wecken.

In unserem großstädtischen Altbau-Wohnquartier bekommt Julia regelmäßig einen ihrer misanthropischen Anfälle. Dann nämlich, wenn wir die Jungs zum Spielen in den Hof schicken und die Nachbarin von schräg gegenüber mal wieder vom Balkon herunterzetert, weil es ihr zu laut sei. Bei uns treffen geschätzt hundert Parteien aufeinander, Babys, Schulkinder, Studenten, Mittvierziger, Greise, Arbeitslose und Online-Aktivisten, Alkoholiker und Schichtarbeiter. Alle mit Blick auf den Innenhof und so verschieden, dass es regelmäßig kracht. Wir hassen es – und wir lieben es inzwischen auch. Es gibt uns das Gefühl, lebendig zu sein. Letztlich würden wir das um nichts in der Welt für die Sicherheit eines abgezirkelten Zehnquadratmetergärtchens aufgeben wollen.

Streit gibt es immer da, wo mehrere Menschen zusammentreffen, also auch im Eigenheim vor den Toren der Stadt. Mein Freund Christoph hat sich ein Haus auf dem Land gebaut, und ich besuche ihn wenige Tage nach dem Einzug. Neue Lebensentwürfe interessieren mich, außerdem freue ich mich wirklich mit ihm und bin sogar ein bisschen neidisch. Die Gegend ist zwar nicht so aufregend – anderswo bekommt man als Normalsterblicher eben kein Grundstück –, aber das Haus ist wirklich schön. Ein Quader aus rotem Klinker, schlicht und modern, aber nicht so gestaltet, dass man denkt: Was für ein Designquatsch. Es gibt einen Garten, einen Kletterbaum für die Kinder, ein großes Hochbeet mit Kräutern, ein Kaminzimmer und eine tolle Medienecke für die Playstation. Also alles super. Aber das Erste, wovon Christoph mir erzählt, ist ein regelrechter Nachbarschaftsstreit am Zaun. Der Kollege nebenan ist sich mit dem Neuling nicht einig über den genauen Grenzverlauf des Grundstückes und hat erst einmal Christophs Frau angebrüllt.

Tja, das Wohnparadies gibt es wohl einfach nicht. Auch wir haben uns in unserer Gegend mit einer dieser Baugruppen getroffen, mit Menschen, die gemeinsam ein Wohnprojekt auf die Beine stellen wollen. Das geplante Haus wird einen schönen Innenhof bekommen, perfekt für Kinder, und eine große Sandkiste kommt auch hin. Und dann, bei einer dieser Sitzungen, meldet sich eine ältere Dame zu Wort: »Das wird doch laut dann. Das wollen wir aber nicht. Nicht dass da noch Partys gefeiert werden oder so. Da müssen wir aber drauf achten.« Und schon kriegt die Idylle einen Riss.

Die Frage nach Stadt oder Land wird im Moment heiß diskutiert, und sie ist auch für Eltern sehr relevant. Hinweise darauf findet man aktuell auch im Internet. In der Bloggerszene gibt es seit kurzem eine unter Eltern viel gelesene Seite, die sich ausschließlich dieser Debatte widmet. »Stadt-Land-Mama« heißt sie und wird von zwei Frauen geschrieben. Die eine, Caroline Rosales, lebt in Berlin-Mitte, die andere, Lisa Harmann, in einem entlegenen Haus auf einem Hügel im Bergischen Land.

Zwei grundverschiedene Lebenskonzepte prallen hier aufeinander. Die Mütter in der Stadt kaufen nur diese schicken Kinderwagen für tausend Euro und sitzen im Café, die auf dem Land geben ihren Kleinen grobe Leberwurst und backen Apfelkuchen. So weit die Klischees. Modern gegen Tradition, der ganze Unsinn, der in unseren Köpfen herumspukt. Entsprechend groß war das Medieninteresse. Auf SAT1 gab Lisa Harmann ein Interview, natürlich im Garten, neben sich ihre drei Kinder und ihre drei Ziegen.

Die Bloggerin vom Land

Ich besuche Lisa, um mir anzusehen, ob so etwas gut gehen kann. Von Köln aus müssen mein Sohn Quinn und ich noch mal eine halbe Stunde Regionalzug fahren, und danach geht es nur noch mit dem Auto weiter. Es dauert, bis wir im sehr ruhigen Garten am Kaffeetisch sitzen. Lisas Kinder und meines sind nach wenigen Sekunden verschwunden. Es gibt Tiere, Kletterbäume, jede Menge Wiese und alle Arten von Fahrrädern, Dreirädern und Mini-Traktoren zum Spielen. »Für die Kinder ist es ein Traum. Vor dem Frühstück schon draußen auf dem Rad«, sagt Lisa. Während wir über Landleben und Kinder reden, essen wir selbst gemachten Beerenkuchen, und Bienen schwirren um uns herum. Ich spüre die Idylle schon. Und mein Sohn wird noch Wochen später aus dem Nichts heraus zu mir sagen: »Ich will endlich wieder in das Haus von dieser Frau, mit der großen Wiese.«

Lisa schreibt Dinge wie: »Wenn ich morgens die Fenster öffne, schaue ich auf eine Berglandschaft, die oft noch von Nebel verhüllt ist. Das ist gelebter Kitsch.« Ich halte das alles für Unsinn, lese es aber trotzdem gern. Dass gerade diese Frau als Land-Mama in die Öffentlichkeit tritt, ist interessant, denn vorher war sie die wohl engagierteste Prenzlauer-Berg-Bloggerin. Aus dem Berliner Stadtteil, der als anziehend für Eltern gilt, berichtete sie von dem Kampf, eine moderne Mutter zu werden. Dann verschwand sie plötzlich in der Provinz. Und sie gibt es zu: Ihr fiel die Umstellung sehr schwer. »Das erste Jahr war eine einzige Lebenskrise.« Inzwischen lebt sie seit zwei Jahren mit Fuchs und Hase. »Jetzt hab ich mich zurechtgefunden.«

Es hat lange gedauert, Anschluss zu finden. Was in der Stadt eine Woche kostet, braucht hier ein Jahr. Und die Menschen reden über ihre Autos, ihre Eigenheime, die Gartenarbeit und dass man im Esszimmer wieder streichen müsse. Ob das alles noch feministisch und modern ist, weiß sie auch nicht.

Einmal klage ich abends meiner Frau mein Leid: »Ich

möchte mal wieder mit meinem Freund Manuel Urlaub machen. Gitarre spielen, schreiben, ausgehen, so wie damals, als wir noch keine Kinder hatten.« Ich habe ein bisschen Angst vor Julias Reaktion, vielleicht sagt sie ja: »Du spinnst wohl. Urlaub gibt's nur noch mit der ganzen Bagage!« Tut sie aber nicht. Sie denkt kurz nach und sagt: »Du hast recht. Ist ja völlig absurd, wenn das nicht mehr möglich ist, bloß weil wir Kinder haben.«

Ich weiß, sie will damit zugleich klarstellen, dass dasselbe auch ihr zusteht, wenn sie das Bedürfnis danach hat. Und so miete ich für ein paar Tage eine kleine Wohnung im Süden der Stadt, in einem Viertel, das gerade mächtig im Kommen ist, wie man so schön sagt.

Landlust oder Live-Musik

Dort gibt es Musikkneipen, auf der Straße bauen nachts Künstler Licht-Installationen auf, die Gaststudenten aus Skandinavien und den USA ziehen durch genau diese Straßen, kurzum, die Stimmung ist gut. Ich führe also das von mir soeben erfundene Konzept »Urlaub in der eigenen Stadt« durch. Es ist perfekt für Väter! So ein Urlaub ist billig, weil die Auto-, Zug- oder gar Flugreise ausfällt, ökologisch sinnvoll ist er damit nebenbei gesagt auch noch. Und wir sehen eine Woche lang die Stadt von genau der Seite, die ich selbst kaum noch kenne: Cafés, Nachtleben, kleine Programmkinos, und einen Nachmittag lang einfach mal rumsitzen im Park. Am Ende bin ich etwas traurig, weil wir eigentlich noch einen Abend mehr gebraucht hätten: Da gibt es noch diese *eine* Straße, in der es abends so lebendig sein soll … Julia hat die drei Kinder in der Zeit allein betreut und ist stolz darauf, es gut hinbekommen zu haben. Das wird mir auch so gehen, wenn sie dann demnächst ein paar Tage lang etwas unternimmt. Man wächst mit seinen Aufgaben. Die Freiheit, die andere in ihrem großen Garten sehen, nehmen wir uns eben so.

Denn ich will einfach nicht nach Dahlem-Dorf! Nicht nach Köpenick-Ost! Und Halensee kann mir gestohlen bleiben, egal wie schön es da ist.

Kürzlich spazierte ich mit Leo nach einem Freibadbesuch durch Französisch Buchholz (wieder so ein ruhiger Stadtteil). Da sagte Leo: »Papa, hier ist es so schön ruhig. Hör mal, der Wind. Hier will ich bleiben.«

Ich bin mit ihm den ganzen Tag dort geblieben. Wir waren die Einzigen auf einem verlassenen Spielplatz und kletterten stundenlang in einem meterhohen Gebilde aus Seilen herum. Als es dunkel wurde, sind wir wieder nach Hause in unseren belebten, lauten, dreckigen Stadtteil gefahren. »Das war schön heute, Papi«, findet Leo beim Zubettgehen. »Wir können morgen wieder hin«, sage ich und knipse das Licht aus.

Mein Freund Knut hat übrigens, nachdem er mir etwa eine Stunde lang die Vorzüge des Landlebens aufgezählt hat, urplötzlich nachgeschoben: »Vielleicht verkaufen wir das Haus einfach irgendwann wieder.«

Kapitel 18

»Wenn du jetzt nicht kommst, geh ich allein.« *Julia*

Wie Eltern ihre Kinder in Angst und Schrecken versetzen.

Kinder sind leicht zu manipulierende Wesen. Eltern nutzen das gelegentlich aus, meistens in Form von Belohnungen, die in Aussicht gestellt werden: »Komm, wir müssen jetzt nach Hause. Du kriegst dann auch ein Eis und darfst was im Fernsehen anschauen.« Besonders ausgebuffte Eltern rechnen mit dem kindlichen Kurzzeitgedächtnis und hoffen darauf, dass der Sprössling die versprochenen Süßigkeiten oder den Kinderfilm unterwegs vergessen haben wird.

Nun ist es selbst mit unlauteren Mitteln wesentlich einfacher, ein Kind davon abzuhalten, etwas zu tun, als es dazu zu *veranlassen,* etwas zu tun. Es gibt Tage, da schiebe ich meine Brut vom Flur ins Bad (»Wasch dir erst mal die Hände«), ziehe sie vom Sofa (»Wir essen jetzt. Komm an den Tisch!«) oder führe gar ihre Hände in die gewünschte Position (»So, hier hängen wir jetzt die Jacke an den Haken!«). Das ist lächerlich und überaus strapaziös. Denn die Kinder stellen sich in solchen Situationen tot. Sie lassen sich hängen und machen sich dabei so schwer, als hätten sie Blei gefressen. Ich fange dann regelmäßig vor Ungeduld und Verzweiflung an zu toben. Einmal haben wir eine geschlagene Dreiviertelstunde neben Quinn am Wohnzimmerboden gehockt, um ihn dazu zu bewegen, das Marmeladenbrot aufzuheben, dass er zuvor heruntergeschmissen hatte. Am Ende lag die Stulle immer noch da, alle standen kurz vor dem Wahnsinn.

Doch manchmal klappt es auch, wie in dieser Situation: Ich sitze am Spielplatz auf einer Bank und unterhalte mich mit einer anderen Mutter. Die Kinder, sechs Stück an der Zahl, kleben uns am Bein und wollen unsere Aufmerksamkeit. »Mama, der Otto ist heute allein da, ohne seine Eltern. Guck mal!« – »Mama, hast du Kekse dabei?« – »Mama, holst du mir mein Fahrrad?« Ich wedele mit Händen und Armen, als ob ich Fliegen vertreiben wollte. »Schschscht, geht doch mal da drüben was spielen.« Ich zeige auf das Piratenschiff aus bemaltem Holz. Die Kinder rühren sich nicht vom Fleck. »Zehn Meter Sicherheitsabstand!«, fordere ich. Ich will mich weiter unterhalten. Ich habe weder etwas zu essen, noch will ich jetzt das Fahrrad von zu Hause holen, noch interessiert es mich, dass Otto allein da ist. Erst als die andere Mutter ihre Siebensachen zusammenrafft und ruft: »Wir gehen jetzt nach Hause!«, stürmen alle davon, um eifrig Klettergerüste zu besteigen und Sandgruben auszuheben. Die Mutter setzt sich wieder zu mir und grinst: »Der Trick funktioniert immer.«

Es ist aber auch ein Kreuz mit der Logistik. Mal können die Kinder uns nicht weit genug weg sein, mal fordern wir im Kasernentonfall, sie mögen auf der Stelle anrücken, weil wir losmüssen. Habe ich einen der Jungs durch beherztes Zureden zum gewünschten Standpunkt bugsiert, verschwindet garantiert der andere im Dickicht der Spielplatzbegrünung oder ganz oben auf der Rutsche. Dann hätte man gerne eine wunderbare Erfindung, eine Drohne mit integrierter Fischreuse etwa, und schwupp, hätte man das Kleingemüse im Sack. Bis dahin müssen wir uns jedoch mit Ganovenstücken behelfen. Etwa mit der gern benutzten Formel »Wenn du nicht kommst, geh ich eben allein«.

Leo allein unterwegs

Das dachte ich jedenfalls immer. Bis zu diesem denkwürdigen Tag im Sommer. Leo ist gerade mal vier Jahre alt, und ich gehe in die Kita, um ihn und seinen kleinen Bruder abzuholen. Leo will nicht. Lieber möchte er noch spielen. Seine engsten Freunde sind auch noch da. In einer Ecke des Gartens haben sie sich eine Höhle gebaut. Mehrmals sage ich: »Komm jetzt, wir gehen.« Leo kommt nicht. Irgendwann sage ich: »Dann geh ich jetzt halt allein«, und marschiere gemessenen Schrittes zum Tor. Leo guckt, seine Kumpels knuffen ihn in die Seite und sagen mit großen Augen: »Leo, deine Mama geht!« Leo guckt und bleibt sitzen. Na gut, denke ich mir, das hat nicht funktioniert, dann kommt jetzt Plan B. Ich kehre zu Leo zurück und sage: »Weißt du was? Dann hole ich jetzt erst mal deinen Bruder, der ist noch drinnen, und dann komme ich zu dir, und wir gehen.« Mit Quinn dauert es ein bisschen. Ich muss ihm noch die Windel wechseln. Als ich in den Garten zurückkehre, ist sein Bruder nicht mehr da. »Wo ist Leo?«, frage ich seine Freunde. Achselzucken. Mit Quinn im Arm fange ich an zu suchen. In der letzten Zeit hat Leo sich oft irgendwo versteckt. Es bereitet ihm einen Riesenspaß, uns dabei zu beobachten, wie wir unsere Hälse verzweifelt in alle Richtungen verdrehen und seinen Namen rufen. Doch normalerweise taucht er nach nicht allzu langer Zeit aus dem Unterholz auf und lacht sich kaputt. Manchmal sehe ich seine

Füße auch schon hinter einer Hecke hervorlugen und rufe extra laut: »Na, da ist der Leo wohl weg, was machen wir denn jetzt?«

Heute jedoch taucht kein Leo auf. Ich suche den ganzen Garten ab, dann frage ich die Erzieherinnen. Ratlosigkeit. »Wir dachten, der ist bei Ihnen.« »Na, dann suche ich mal im Haus«, entgegne ich und bin noch relativ gelassen. »Der versteckt sich sicherlich irgendwo.« Doch als ich ihn auch da nicht finde, bekomme ich Angst. Ich bemerke, dass sein Fahrradhelm nicht mehr an seinem Garderobenhaken hängt. Sollte er tatsächlich allein losgegangen sein? Ich versuche mich zu beruhigen. Ich weiß, wie gut sich Leo orientieren kann, wenn es darauf ankommt. Mit Quinn im Buggy eile ich durch die Straßen. Eine Erzieherin sucht auf der anderen Seite der Kita die Wege ab. Ich habe meinen Mann angerufen, und der fährt jetzt im Taxi zu uns. Seine Hilfe wird aber glücklicherweise gar nicht mehr benötigt, denn nach zehn schrecklichen Minuten, gefühlten Stunden, klärt sich der Fall auf. Ich treffe meine Nachbarin auf der Straße. Sie sagt etwas erstaunt: »Du, ich habe eben den Leo zur Kita gebracht. Der stand ganz allein vor der Pizzeria an der Ecke.« Erleichtert renne ich zurück, und da steht der Kleine mit Helm auf dem Kopf, an der Hand der Erzieherin. Ich gehe neben ihm in die Knie und fange erst mal mächtig an zu heulen. »Warum bist du einfach losgegangen?«, will ich von meinem Sohn wissen und kralle ihm meine Finger rechts und links in die Schultern. Leo sagt: »Du hast doch gesagt, dass du gehst, und dann hab ich gedacht, du bist schon weg!«

Nach diesem Erlebnis bin ich bedient. Der Gedanke, dass Leo wirklich geglaubt hat, ich würde ihn allein zurücklassen, macht mich ganz krank. Ich mochte mir kaum vorstellen, wie viel Mut dieser kleine Mensch aufgebracht hatte, um selbständig nach Hause zu spazieren. Er hat auf seinem Weg mehrere Straßen überquert und vor unserer Tür feststellen müssen, dass ich da auch nicht bin. Daraufhin war er wieder umgekehrt und so weit zurückgegangen, bis ihn die Nachbarin gefunden hat. Ein für alle Mal kläre ich nun die Sache für ihn und für mich: »Leo, ich lasse dich nie allein zurück, hörst du? Nie!«

Man erinnert sich vielleicht selber noch daran: die Schrecksekunden, wenn man als Kind in einer Menschenansammlung statt Mama aus Versehen der falschen Frau hinterherläuft. Ich selbst habe als Kleinkind einmal voller Panik von innen an die Fensterscheibe unseres Autos geklopft, so lange, bis eine wild gestikulierende Menschentraube zu mir hereinblickte. Meine Mutter hatte mich kurz im Wagen gelassen, um etwas bei der Post abzugeben, und das hatte sie auch so mit mir besprochen. Offenbar wurde aber das Gefühl der existenziellen Bedrohung für mich so groß, dass ich die Abmachung einfach vergessen hatte. Vielleicht dauerte es am Postschalter ein paar Minuten zu lang, und vielleicht war ich noch zu klein.

Mit der Androhung, sein Kind allein zu lassen, sollte man nicht spielen. Das wird mir nach dem Erlebnis mit Leo klar.

Die Sache mit dem Brüllen

Was kann ich aber tun, wenn ich die Kinder am Spielplatz einsammeln möchte? Wohl kaum hinter ihnen herrennen und zetern wie ein aufgescheuchtes Huhn. Man hat ja auch seine Würde. In dem sehr sehenswerten, für Eltern konzipierten pädagogischen Film *Wege aus der Brüllfalle* geht es darum, wie man seine Ansagen so platziert, dass Kinder sie auch verstehen und entsprechend darauf reagieren können. Zuerst zeigt der Lehrfilm ausführlich, wie man es nicht machen sollte – weil man dabei sowieso nie zum Ziel kommt. Als ich sehe, wie der Darsteller im Film mehrmals ins Kinderzimmer kommt und seine spielenden Kinder bittet, jetzt endlich aufzuräumen, erst freundlich, dann immer vehementer, muss ich noch grinsen. Als er anfängt herumzubrüllen, seinen Großen gar unsanft am Arm zu schütteln, vergeht mir die gute Laune. Wie gut kenne ich diese Situation, und wie bitter, auf diese Weise den Spiegel vorgehalten zu bekommen.

Der Film erklärt auf sehr anschauliche Weise, wie wenig das elterliche Brüllen das Kind zum Handeln motiviert, dafür vielmehr nur Gegenbrüllen provoziert. Er erklärt auch, dass Kinder die wunderbare Fähigkeit haben, sich so in ihr Spiel zu vertiefen, dass sie Unerwünschtes wie die Aufforderung, das Spiel zu beenden oder aufzuräumen, schlicht überhören. Kinder sind »Hüllenwesen«, heißt es da. Sie leben in einer unsichtbaren Blase, ihrer Hülle eben, die alles von ihnen abhält, was nicht zu dem einzigartigen Spiel beiträgt, das sie gerade erleben. Da hilft nur: hingehen, Körperkontakt herstellen, etwa das Kind am Arm oder der Schulter fassen und direkt angucken. Dann die Botschaft wiederholen. Von der Kinderzimmertür herübergeschnauzte Befehle richten dagegen wenig aus.

Ich probiere das bei der nächsten Gelegenheit aus, als es mal wieder Zeit ist, zum Abendessen nach Hause zurückzukehren, die Kinder aber gerade einen Staudamm in der Sandkiste buddeln. Es klappt nicht sofort, ein paar Anläufe muss ich nehmen. Aber ich merke, wie allein die Einstellung »Ich mache jetzt eine unmissverständliche Ansage, und dann kann ich auch erwarten, dass die Kinder das hören!« sich auf meine Stimme und meine Körperspannung auswirkt. Bestimmt, aber nicht unfreundlich, würde ich sagen. Ob und wie die Kinder reagieren, ist mir in dem Moment fast egal. Wichtig ist mir: Ich fühle mich gut damit. So wird es funktionieren. Und ich nehme mir vor, das jetzt öfter zu üben.

Ansonsten bleibt immer noch die Alternative, mit dem Energiefluss der Kinder mitzuschwimmen. Für diese Variante muss man allerdings die Bereitschaft aufbringen, sich vor den anderen Eltern ein bisschen zum Affen zu machen. Als die Jungs einmal partout nicht aufbrechen wollen, hole ich tief Luft und brülle: »Kinder, es brennt! Feuerwehr, los, Marsch, Marsch«, packe den Jüngsten in die Karre, schnappe mir die Hand des Großen und rase mit den beiden unter großem Hallo und begeistertem »Tatütataaa!« nach Hause.

Kapitel 19

»Ein Kind braucht seine Mutter.« *Thomas*

Die Bindung zwischen Kind und Mutter ist wieder ein Modethema. Erzkonservativer Unsinn? So einfach ist es nicht. Die Debatte ist gefährlich für moderne Eltern – besonders für Väter.

»Wollt ihr euer Kind etwa schon jetzt in den Gulag geben?« So formulierte meine Mutter ihre Gefühle, als unser großer Sohn in die Kita kam. Sie ist eine moderne Frau, aber sie ist eine Westdeutsche, die bald das Rentenalter erreicht. Da sitzt die Überzeugung tief: Kinder müssen möglichst lange zu Hause bleiben. Das ist kein Einzelfall. Die Mutter unserer Freundin Suse sagte einmal: »Es ist so schrecklich, dass die Lina im Kindergarten Mittag essen muss. Ich frage mich immer: Können die Mütter denn heute ihren Kindern nicht mal mehr was kochen?«

Die eigene Mutter! Das Essen! Die Versorgung und die Zuneigung! Man hat das Gefühl, in einer Oper von Wagner zu sein. Die Grundfesten der Welt wackeln, Blutsbande drohen zu zerreißen, der Untergang naht. Großes Kaliber wird aufgefahren, wenn es um die Mutter-Kind-Verbindung geht.

Entsprechend nervös waren wir, als der kleine Leo in die

Kita sollte. Hatten die Eltern und Schwiegereltern vielleicht irgendwie recht? Ist es schlecht für ein Kind, stundenweise die Familie zu verlassen?

Mit einem Kloß im Hals habe ich den Kleinen an seinem ersten Tag zur Kita gebracht. Julia ist vorsichtshalber zu Hause geblieben, die Idee war, dass ich als Mann ja wohl härter drauf bin. (Stimmt natürlich nicht, aber ich habe dann eben so getan.) In der Einrichtung begrüßte uns die Erzieherin und beruhigte mich gleich: Der Kleine müsse erst mal nur eine Stunde bleiben, ich könne ja einen Kaffee trinken in der Gegend. Natürlich könne ich auch bleiben und zuschauen. Viele Kinder weinen am Anfang, aber wenn die Eltern weg sind, ist das immer gleich wieder vorbei, sagte sie.

Also gebe ich meinem Sohn ein Küsschen und setze ihn ganz langsam auf dem Boden des kleinen Spielhofes ab. Und was passiert dann? Ohne sich noch einmal umzusehen, krabbelt Leo davon, zu einem roten Rutscheauto, das er neben der Sandkiste gesehen hat. Keine Träne, nichts. Verstört trinke ich meinen Kaffee vor der Tür und hole kurz danach ein fröhliches Kind ab, das ich erst noch suchen muss, weil es so vertieft ins Spiel ist.

Und genauso geht es weiter. Der Kleine scheint sich zu freuen, unter Leute zu kommen. Das war unsere »behutsame Eingewöhnung«. So viel zum Thema, das Kind könnte weinen und sich verlassen fühlen. Unser Leo schien sehr glücklich, endlich ein paar Sozialkontakte zu haben, und er ist heute, mit sieben, ein angenehm sozialer Mensch, der mir nicht sehr geschädigt vorkommt. Na, jedenfalls nicht mehr als ich selbst es bin.

Ein altes Thema kommt wieder in Mode

»Ein Kind braucht doch seine Mutter«, sagte damals aber Leos Oma, und dieser Satz ist die heilige Kuh ihrer ganzen Altersgruppe und sicherlich auch der Katholiken, der CSU und einiger mehr. Gemeint ist damit mehr, als die Worte ausdrücken. Denn natürlich braucht ein Kind seine Mutter. Und ebenso seinen Vater und seine Brüder und Schwestern, wenn es welche hat. Aber gemeint ist ganz spezifisch: Das Kleinkind soll bitte nicht in die böse Betreuung gegeben werden, sondern Mama sollte sich mindestens 36 Monate rund um die Uhr um ihren Spross kümmern.

Im deutschen Fernsehen ist das Thema Eltern und Kinder inzwischen angekommen. Kaum eine heimische Filmproduktion, in der nicht die erfolgreiche Yuppie-Frau plötzlich die Kinder der Schwester bei sich aufnehmen muss oder der Schönling vom Typ ewiger Aufreißer einen aufmüpfigen Zehnjährigen in den Urlaub begleiten soll. Der Film *Du bist dran* war 2013 ein Paradebeispiel dafür: Darin wird Lars Eidinger zum Hausmann, ein wenig wider Willen, aber seine Frau macht nun einmal Karriere. Die schönste Stelle kommt aber gleich am Anfang. Oma sagt beim Familientreffen: »Ich weiß auch nicht, warum man überhaupt Kinder in die Welt setzt, wenn man dann keine Zeit für sie hat.« Kurz danach bricht sie tot in der Küche zusammen (das Herz!), neben ihrem heißen Apfelstrudel, den sie noch zu retten versucht.

Diese Idee, »Das Kind braucht doch seine Mutter«, die seit vielen Jahren hartnäckig in vielen Köpfen steckt und noch heute verbissen verteidigt wird, hat gleich drei Haken. Erstens wird sie mit bezaubernder Dreistigkeit als Wahrheit behauptet, wobei ihre Vertreter meist biologistisch argumentieren und irgendwas mit Hormonen und Gehirn heranziehen.

»Die Mutter gehört zum Kind (…) wird durch die neue Hirnforschung (…) immer nachhaltiger bestätigt«, behauptet die Psychologin Christa Meves in einem katholischen Magazin. Die heute fast neunzigjährige Schleswig-Holsteinerin hat eine Lebenskarriere auf diesen Satz aufgebaut, sie trat immer wieder als Kämpferin gegen die angebliche Zerstörung der Familie auf. Neuerdings geben verschiedenste Forscher aus Medizin, Psychologie oder Pädagogik sich den Namen »Bindungsforscher«, die ewige Arbeitsbeschaffungsmaßnahme Universität hat sich den Bedürfnissen der Öffentlichkeit angepasst und einen neuen Typus von Mahnern und Warnern erzeugt. Meves verweist auf eine statistische Studie, laut der bei Kindern bestimmte Hirnregionen aktiv sind, wenn die Mutter es auf den Arm nimmt. Faktisch sagt das alles und nichts. Aber wer die Rolle der Frau als Mutter stark betonen will, sagt dann eben: Damit ist es doch bewiesen! Das Kind muss zur Mutter!

Diese Aussage spricht zweitens den Frauen das Recht auf Unzufriedenheit mit einem reinen Mutterdasein ab. »So sehr ich das Baby liebe, ich finde es auf Dauer etwas langweilig«, schreibt der Autor Malte Welding und fügt noch etwas Entscheidendes hinzu: »Meiner Frau geht es genauso. Kinder sind entzückend, aber Arbeit auch. Gerade macht sie noch ihre Doktorarbeit, jetzt ist sie eine Art Laientierpflegerin.«

Auch einige Linke sind gegen Frühbetreuung

Drittens ist sie ein Schlag ins Gesicht für alle Väter. Denn schließlich wird von denen kaum geredet. Das ist das vielleicht größte Übel dieser Debatte. Und es wird immer wieder übersehen, von allen, egal ob der CSU oder der *taz*. Das ist seltsam. Um es zu begreifen, muss man im Sinn behalten, dass wir es mit einer ideologischen Debatte zu tun haben. Behandelt man etwas, das eigentlich eine Ansichtssache ist, als Wahrheit, macht man seine Meinung zur Ideologie. Und diese Ideologie, um die es hier geht, ist in Deutschland sehr stark. Keine Französin muss sich ihrer Schwiegermutter gegenüber rechtfertigen, dass ihr »armes Kind« mittags immer das Essen in der Kita bekommt und dass nicht »die eigene Mutter etwas für ihr Kind kocht«. Keine Holländerin muss sich immer wieder verteidigen, weil sie ihre Karriere auch nach der Geburt nicht aufgeben möchte. Aber Frauen im Breisgau, im Münsterland oder in Oberfranken müssen das immer wieder. Ein bisschen peinlich ist es ja schon, dass genau das Land, in dem die Nazis einen aufwendigen Mütterkult veranstalteten, sich bis heute davon nicht ganz lösen konnte.

Aber es ist nun einmal so: In Deutschland konnte Mitte 2013 das sogenannte Betreuungsgeld eingeführt werden, weil die CSU es so wollte. Der bayerische Ministerpräsident Horst Seehofer, Deutschlands neuer starker Mann, drohte Angela Merkel schon im Sommer 2012 mit dem Bruch der Koalition wegen dieses Themas: »Die CSU würde ein Scheitern des Betreuungsgeldes nicht hinnehmen. Und die Stimmen der CSU sind in dieser Koalition notwendig.« So stehen also deutschen Eltern, die ihr Kind nicht in eine Kita geben, zwei Jahre lang 100 Euro im Monat zu (später 150). Viele nennen es unsinnig, auch in der CDU. Was man aus dieser Posse lernt, ist vor allem eins: Wer findet, dass Kleinkinder einen Teil des Tages nicht bei ihrer Mutter verbringen, gilt in Deutschland als ein bisschen böse.

Auf den ersten Blick könnte man nun denken, nur die Ultrakonservativen sind gegen Kitas. Dann läge der Fall recht klar. Wollen wir moderne Eltern sein, verachten wir diese

Ideen natürlich. Auf den zweiten Blick ist es aber doch nicht ganz so einfach. In jüngster Zeit hört man immer wieder auch Kritisches von wirklich ernst zu nehmenden Leuten gegen die frühkindliche Betreuung. In linken Kreisen ist derzeit öfter mal die gleiche These zu hören: Ein Kind sollte in den ersten drei Lebensjahren nicht von Fremden betreut werden. In *unerzogen,* einer alternativen Zeitschrift für Pädagogik, rechnet die Aussteigerin und Buchautorin Silvia Hable in einer mehrteiligen Serie mit der frühkindlichen Betreuung ab. Sie schade den Babys, so ihre Botschaft. Hier wiederholen sich die Argumente der Konservativen und bleiben genauso vage und letztlich unbegründet. Doch ein wichtiger neuer Gedanke kommt hinzu: Der fast alle politischen Richtungen einende Konsens, Kinder sollten betreut werden, damit Mütter arbeiten können, passe perfekt in den Ultrakapitalismus. Jede Freiheit von der Arbeitswelt und jede Lücke im Leben, die nicht dem Leistungsprinzip unterworfen ist, soll uns genommen werden. Deswegen, so argumentieren die linken Kritiker, gibt es Kitas für Kleinstkinder. Das System kontrolliert dann den Menschen schon von seinen ersten Lebensmonaten an, und die Mutter kann ganz früh arbeiten gehen und das Bruttosozialprodukt steigern.

So könnte es erklärlich sein, dass auch Jana Petersen in der *taz* kürzlich »Meiner kommt nicht in die Kita« titelte und seitenlang ausführte, warum die neue Kitaplatz-Garantie vielleicht doch noch nicht das Paradies bringe. Zu schlecht seien deutsche Kitas, zu wenig durchdacht ihre Konzepte, zu groß der Zwang für Mütter. Der zentrale Satz dürfte sein: »Das war es, was mich störte: mein Kind einem System unterzuordnen.« An diesem Punkt wird die Diskussion interessant, denn so erzkonservativ scheint es doch nicht zu sein, frühkindliche Betreuung problematisch zu finden. Sondern darin kann auch ein kritischer Blick auf unser Leben liegen.

Offenbar sind wir, je mehr wir den Druck der schwierigen Arbeitswelt spüren, sensibler geworden. Wir kennen den Leistungswahn, die Abstiegsangst, wir wollen unser Kind möglichst lang davon verschonen. So sieht die Zwickmühle moderner Eltern aus. Frauen in Deutschland machen sich, wenn sie Mutter werden, am häufigsten Sorgen um den »Verlust ihrer Freiheit«. Das ergab eine Umfrage, die das Biotechnologie-Unternehmen Seracell durchführen ließ. Finanzieller Abstieg oder Einsamkeit wurden seltener genannt.

Die Väter werden vergessen

Seit fast zehn Jahren arbeiten wir sehr bewusst an einer modernen Partnerschaft. Arbeiten ist das richtige Wort, denn man muss dazu immer wieder gegen die eigenen Denkreflexe angehen. Wir versuchen es also, seit Jahren. Aber wenn bei uns Familienbesuch einfällt, dann dauert es nur wenige Minuten, bis die Omas unserer Kinder Sätze sagen wie: »Julia, komm, ich helfe dir in der Küche«, obwohl Julia gerade gar nicht in der Küche steht und vielleicht auch gar nicht die Absicht hatte, dort hinzugehen. Während nach Haushalt und Wickeln immer nur sie gefragt wird, bekomme ich zu hören: »Thomas, warum suchst du dir nicht wieder eine richtige Arbeit? Ein Mann muss die Familie ernähren.« Sicher ist nichts davon böse gemeint. Aber die alten Vorstellungen sitzen tief.

Die Selbstverständlichkeit, mit der standardmäßig Väter vergessen werden, wenn es um die Kinderbetreuung geht, ärgert mich. Denn auch bei den Jungen und bei modernen und vorgeblich Linken ist es meist so, dass Mama auf ihr Recht pocht, ihre Beziehung zum Kind möge nicht allzu früh gestört werden. Kein Wunder, dass nun auch einige Männer sich lautstark wehren. Die krasse Antwort ist die »Väterbewegung«, in der sich Männer zusammenschließen, oft Väter, deren Exfreundinnen das Sorgerecht für ein gemeinsames Kind nicht teilen wollen. In einer Welt, in der immer nur die Mutter idealisiert wird, heizen diese Väter einander teilweise zu einer regelrecht frauenfeindlichen Radikalität an. Auf Internetseiten wird gegen die »Vätervernichtungsrepublik Deutschland« gewettert, die »Gynokratie« (Frauenherrschaft) und die »Weiberplage« werden beklagt, Sätze wie »Gewalt ist weiblich« gehen um. Der damalige *Spiegel*-Journalist Matthias Matussek ließ sich von der Väterbewegung einspannen und beklagte die »vaterlose Gesellschaft«. In der *Frankfurter Allgemeinen* verbreitet sich der Soziologe Gerhard Amendt über die »Opferrolle«, die Frauen für sich angeblich ausnutzen.

Es gibt für das in seiner Drastik peinliche und traurige Phänomen der Wutväter sicher mehrere Gründe, allen voran ganz handfeste – etwa, dass das Sorgerecht erst mit der jüngsten Gesetzesänderung von Anfang 2013 auch dem nichtehelichen Vater eine Rolle zugesteht. Aber einer der Gründe ist auch, dass Mütter bei uns weiterhin stark idealisiert werden. »Das Auge der Mutter ergründet das Kind bis in die Tiefen des Herzens«, sagt Pestalozzi, der Urvater der deutschsprachigen Pädagogik. Vom Auge des Vaters ist keine Rede. Der Autor Jochen König, der in seinem Buch »Fritzi und ich« von dem Leben als alleinerziehender Vater berichtet, bekam immer wieder einen Satz zu hören: Ach, schrecklich, die Mutter lässt ihr Kind allein. Er antwortete dann immer: Das Kind ist nicht allein. Ich bin ja da.

Sieben Jahre nach der Neuregelung von »Elternzeit« und »Elterngeld« hat auch der Letzte gemerkt, dass sich an der

Benachteiligung der Frau nichts geändert hat. Vier von fünf Paaren teilen sich so auf, dass die Kindsmutter die volle Elternzeit von zwölf Monaten nimmt, der Vater nur seine zwei Pflichtmonate. Als das »Elterngeld« neu war, brachten die Zeitungen Artikel, in denen Männer sich auf die Brust klopfen, weil sie zwei oder drei Papamonate genommen hatten. »Man sollte Männer dazu verpflichten«, schrieb Elmar Krekeler in der *Welt.* »Endlich erfährt jeder Mann, welches Unrecht er seiner Frau antut, wenn er versucht, das alte Rollenspiel zu spielen.« Doch der Autor der Zeilen ist nach seinen drei Papamonaten wieder ins Büro abgetaucht.

Zurzeit ist daher viel vom »Prinzip 50/50« die Rede: Das bedeutet, Mann und Frau teilen sich die Erziehung zu gleichen Teilen auf. Die *Zeit* hat kürzlich eine Artikelreihe unter dem Titel »50/50« gestartet, so wichtig und aktuell schien ihr das Thema. Die Aufteilung wird dort »Gleichberechtigung« genannt. Es gibt nur ein Problem: Die Frau geht meist mit schlechteren Chancen in das Spiel hinein. Manche bezahlen ihren Wunsch nach 50/50 mit einer Trennung und einem großen Karriereloch.

Das erklärt mir meine Freundin Simone. Ihr Sohn ist fünf. Seit vier Jahren ist sie alleinerziehend. Seit damals schafft sie es nicht, in ihren alten Job als Radiosprecherin zurückzukehren. Das kam so: »Als der Kleine geboren wurde, hieß es für mich: Bleibst du ganz beim Kind oder nur zum Teil? Mein Mann Tom hatte, wie jeder Mann, mehr Optionen. Im Wesentlichen: ganz im Beruf bleiben oder ein bisschen mithelfen zu Hause.« Simone berichtet davon, dass es dann viel Streit gab, gleich in den ersten Wochen nach der Geburt. Sie liebte die Arbeit beim Rundfunk und wollte zumindest ein wenig, in Teilzeit vielleicht, dabeibleiben. Ihr Mann hatte gemeinsam mit zwei Freunden ein Unternehmen gegründet und wollte sich »das jetzt nicht wegnehmen lassen«. Die Stimmung sank. Und am Ende war die Aufteilung so: Simone blieb zu einhundert Prozent beim Kind, Tom ging zu einhundert Prozent zu seiner neuen Freundin und zahlte den Unterhalt erst nach einer teuren Gerichtsverhandlung. »Umgekehrt wäre es nicht möglich gewesen«, klagt Simone. »Ich hätte nicht die sein können, die abhaut.«

Das Prinzip 50/50 und seine Tücken

Wir sind also eigentlich noch gar nicht so weit, schon über »50/50« reden zu können. Wir stecken noch mitten im Kampf um ein modernes Elternleben. Das Klügste, was ich dazu entdecke, ist der Blog *Femilyaffair.de*. Denn dort steht nicht, wie man es machen sollte. Dort beschreibt ein Paar, wie es an seinem Anspruch täglich scheitert und warum. »Wir wollten eine gerechte Lösung«, heißt es etwa, »aber wir finden keine.« Sie scheitern scheinbar an Kleinigkeiten im Alltag. Aber eigentlich scheitern sie natürlich nicht, denn sie tun das Richtige: Sie denken offen über diese Fragen nach und laden alle ein, mitzureden.

Kapitel 20

»Willst du nicht lieber den Anton einladen?« *Julia*

Warum sich Eltern aus den Beziehungen ihrer Kinder heraushalten sollten.

Was war das in meiner Kindheit immer für ein Kreuz, wenn ich Geburtstag hatte und es daran ging, Einladungen zu schreiben. »Wenn ich Florian einlade, muss ich auch seine kleine Schwester Nadine einladen. Aber eigentlich mag ich Nadine gar nicht so.« Auf diese Weise gingen meine Gedanken mehrere Tage hin und her, bis ich mich mutig dazu durchgerungen hatte, die schon geschriebene Einladung an meine Rivalin im Papierkorb zu versenken. Doch ich hatte nicht mit meiner Mutter gerechnet, die ihre eigenen Vorstellungen von einer gut organisierten Gästeliste hatte: »Sag mal, wenn der Florian kommt … willst du da nicht auch die Nadine einladen?« Am Tag meines Geburtstagsfestes saß ich dann flennend im Garten und schrie, dass bloß alle abhauen sollten. Nadine hatte meiner Meinung nach beim Sackhüpfen geschummelt, indem sie mit den Füßen durch den Boden des Müllsacks gestoßen und gelaufen war.

Wie jeder Mensch haben Kinder ein Recht darauf, in Ruhe gelassen zu werden. Kinder sollten ungestört spielen und sich ihre Freunde selber aussuchen dürfen. Es ist nicht unbedingt hilfreich, ihnen in sozialen Belangen ständig zur Seite zu stehen und sie so zu bevormunden. Wir Eltern halten das leider manchmal schlecht aus. Ein gutes Beispiel dafür ist mal wieder der Spielplatz in unserem Stadtteil, den wir nahezu täglich besuchen – ein Biotop elterlichen Wahnsinns. Wie immer sind die Kinder hier nicht allein, sondern ihre Erzeuger sitzen am Rande der Sandkiste und unterhalten sich miteinander. Aber sie passen auch auf, dass ihren Kindern nichts passiert, sie versorgen sie mit Snacks und Getränken, sie ermahnen und trösten. So auch wir.

Der Spielplatz als Dojo

Plötzlich wirft ein etwa siebenjähriger Junge den fünfjährigen Mats mit einem zielsicher angewandten Judogriff in den Matsch, worauf der so Geschundene heulend zu seiner Mutter Jana eilt, mit der ich auf einer Bank sitze. Jana, von Beruf Anwältin, kann Ungerechtigkeit nicht ertragen, packt den Judoka am Schlafittchen und liest ihm gründlich die Leviten. Daraufhin macht dessen Vater Jana eine Szene, sie solle sich da bitte schön heraushalten! Wo kämen wir da hin, das sei Angelegenheit der Kleinen. Mit hochgezogenen Schultern und vor Zorn gerötetem Gesicht kommt Jana zu uns zurück und kann sich gar nicht beruhigen. Ein bisschen Streit ist ja in Ordnung, findet sie, aber wenn das eigene Kind so rüde aufs Kreuz gelegt wird, höre der Spaß doch auf.

Kurz nach dieser Szene bekommen Quinn und seine Freunde Ärger mit Leo, seinem Bruder, der mit Verstärkung aus seiner Schulklasse angerückt ist. Die beiden lieben sich zwar sehr, wollen auch alles zusammen machen, streiten dann aber die Hälfte der Zeit. Jetzt auch. Gegenseitig versuchen sich die Parteien vom Holzschiff zu ziehen, die Junior-Piraten sind den Tränen nahe. Ich springe auf, um die großen Jungs zur Zurückhaltung aufzurufen. »Auf keinen Fall einmischen!«, interveniert da nun Karin, die Mutter von Quinns bestem Freund Emil, und zieht mich am Jackenzipfel auf die Bank zurück. Ihr reicht es jetzt. Karin hat außer Emil eine sechzehnjährige Tochter und lässt sich durch fast nichts mehr aus der Ruhe bringen. »Die Kleinen teilen mindestens genauso aus wie die Großen. Das müssen die jetzt wirklich mal allein regeln.« Als Jana unwillig knurrt, ruft Karin: »Los, alle Mann in die Bäume da drüben gucken!« Sie zeigt auf eine Pflanzung in der den Kindern entgegengesetzten Richtung. »Einfach so tun, als ob wir nicht da wären.« Das ist ein uralter Kindertrick: Was ich nicht weiß, macht mich nicht heiß. Für Eltern ist das »In-die-Bäume-Gucken« eine wunderbare Übung, um den Dingen ihren Lauf lassen zu können. Statt Stellvertreterkriege zu führen und unsere Energie in sinnlose Schlichtungsversuche zu stecken, sinnieren wir also gemeinsam über die herbstlichen Farben der Kastanie am Spielplatzrand.

Dinge allein geregelt kriegen

Wie gut das allen Beteiligten tut, Kindern und Erwachsenen, merke ich erst so richtig zu Hause. Normalerweise läuft es so: Wenn Leo und Quinn sich gestritten haben, kommt einer der beiden tränenüberströmt aus dem Zimmer und fordert hartes Durchgreifen gegen den infamen Bruder. Da die Kinder schnell kapiert haben, dass demjenigen, der zuerst weint, mehr Mitleid gespendet wird, heult der Verursacher des Zwistes gleich mit.

Mein Freund Kris erzählte mir sogar einmal, sein kleiner Bruder habe in Kindertagen oft grundlos geweint, wenn ihm irgendetwas stank. Er wusste, dass die Mutter immer herbeigeeilt kam und den Großen verdächtigte. Kris ist dann dazu übergegangen, seinem trickreichen Bruder tatsächlich noch schnell eine runterzuhauen – denn es war ja sowieso schon egal, Ärger würde er eh bekommen.

Auch ich stehe immer zwei völlig aufgelösten Jungen gegenüber, die beide aufeinander zeigen und brüllen: »Er war's!« Wenn ich mich dann nicht zur Richterin aufschwinge und stattdessen ruhig einwerfe: »Das ist euer Bier«, vergeht den beiden die Lust, nach mir zu rufen. Und das ist auch gut so. Denn wie sollen sie denn sonst lernen, dass sie für die Konsequenzen ihres Handelns selbst verantwortlich sind? Ich mache mich jetzt immer öfter mal überflüssig und kann mich in der Zeit anderen Dingen widmen.

So weit, so gut. Das ist eine relativ leichte Übung. Die wahre Herausforderung für uns Eltern kommt, wenn das Kind sechs Jahre alt wird. Während die Kita einem ewigen Frühlingstag mit zwitschernden Vögeln und Dotterblumen gleicht, wo ab und an mal gebissen oder geschubst wird, kämpfen die Kinder in der Schule mit härteren Bandagen. Im Klassenzimmer wird gerauft und geboxt, auf dem Hof gehänselt und kommandiert, mit Blättern und Schneebällen geschmissen, in Freund und Feind geteilt. Das erste Wort, das Leo lernt, ist »Lusa« (»Loser«), und bald darauf zeigt er mir den Stinkefinger. Kein Papa und keine Mama will, dass ausgerechnet das eigene Kind allein in der Ecke steht, vor allem, wenn man das noch aus seiner eigenen Kindheit kennt.

Im ersten Schuljahr spielt Leo am liebsten mit einem Jungen, dem ein zweifelhafter Ruf vorauseilt. Matteo ist laut, und zur Begrüßung haut er Leo im Überschwang so heftig auf den Rücken, dass der einen Hustenanfall bekommt. Matteo bestimmt, was gespielt wird, und er zettelt mit Leo einigen Quatsch an, der den beiden Ärger mit der Klassenlehrerin einbringt. Mein Sohn, ein eher sensibles Bürschchen, versucht sich mit einer Mischung aus Bewunderung und Überforderung neben dieser Naturgewalt zu behaupten. Als Leo nach Hause kommt und sagt: »Morgen ziehe ich den roten Pulli nicht mehr an. Matteo sagt, das ist ein Mädchenpulli«, fällt es mir schwer, neutral zu bleiben. Warum hat Leo sich ausgerechnet den zum Freund auserwählt?, schießt es mir durch den Kopf. Der Anton aus der zweiten Reihe zum Beispiel ist doch viel netter. Ja, so denken wir Eltern.

Als Leo dann seinen siebten Geburtstag plant und auch Matteo einladen will, mischen Thomas und ich uns in einer Art und Weise ein, die wir anschließend unangemessen finden werden: »Willst du den wirklich einladen? Du hast so oft gesagt, dass er dich ärgert. Lade doch lieber den Anton ein.« In Wahrheit haben *wir* keine Lust auf den kleinen Matteo. Der soll bloß wegbleiben, denken wir, der macht nachher noch die ganze Feier kaputt, und wir haben dann den Stress. Mit dieser Abwehrhaltung bringen wir Leo dazu, seinen Freund nicht einzuladen.

Hinterher tut uns das leid. Leos Klassenlehrerin bezeichnet die Beziehung zwischen den beiden als lebendig und sieht das Ganze als Ausdruck ihrer Persönlichkeitsentwicklung. Sie sagt: »Leo kann sich inzwischen ganz gut neben Matteo behaupten. Das ist wirklich toll. Manchmal, wenn ich merke, es wird Leo zu viel, nehme ich ihn auch mal an die Hand und mache etwas allein mit ihm.« Und eine Freundin meint sogar: »Also, ich hätte den Kerl auf jeden Fall zum Geburtstag eingeladen. Dann hättet ihr euch doch selber am besten ein Bild von ihm machen können.«

Alle Zeichen deuten darauf hin, dass wir die Sache ziemlich verbockt haben. Wir haben uns unfair gegenüber Matteo verhalten, den wir kaum kennen. Wir sind zu faul gewesen, auf seine Art, Kontakt herzustellen, einzugehen. Wir haben Leos Sozialleben manipuliert. Und das, obwohl wir es als Kinder doch selbst doof gefunden haben, wenn unsere Eltern mit leicht besorgtem Blick meinten: »Sollen wir mal mit deiner Freundin reden?«

Wenn Mama mitmischt, wird alles schlimmer

»Bloß nicht!«, will man da heute noch aufjaulen. Das Einzige, was etwa bei Keilereien auf dem Schulhof legitim war: den großen Bruder einzuschalten, um ein bisschen die Muskeln spielen zu lassen. Diejenige aber, deren Mama zur Krisensitzung antrabte, drohte ihr Gesicht zu verlieren. Einmal ist mir so etwas passiert, da war ich etwa acht Jahre alt. Dummerweise hatte ich zu Hause erzählt, dass mich eine Spielgefährtin aus meiner Klasse öfter ärgere, worauf meine Mutter eines Nachmittags im Kinderzimmer erschien, um – sicherlich in guter Absicht – zu fragen: »Sag mal, Undine, stimmt es, dass du Julia geärgert hast?« Undine machte große Augen, sagte »Hä, nein, wieso?« und taxierte mich mit einem bedrohlichen Blick. Ich zuckte nur ahnungslos die Schultern. Was sollte ich auch anderes tun? Als meine Mutter das Zimmer verlassen hatte, fühlte ich mich, als hätte man mich mit einer Raubkatze allein im Käfig zurückgelassen. »Keine Ahnung, wie sie darauf kommt«, murmelte ich. Ich kam mir vor wie eine Versagerin.

Leo höre ich inzwischen einfach aufmerksam zu. Ich bemühe mich, seine Geschichten aus der Schule weniger emotional zu kommentieren. Da er auf die Frage: »Wie war es heute in der Schule?« sowieso nicht antwortet, habe ich mir etwas Neues überlegt. Statt ständig in ihn zu dringen, frage ich abends kurz vor dem Einschlafen, ob alles in Ordnung ist und ob er noch etwas erzählen will. Die Kinder sind zu diesem Zeitpunkt immer sehr offen und empfänglich für ein kurzes Gespräch oder einen Tagesrückblick, und wir bieten ihnen die Gelegenheit, etwas loszuwerden, wenn sie das möchten. Thomas und ich denken, wenn wir beide genug Zeit mit den Jungs verbringen und eine gut funktionierende Kommunikation pflegen, dann machen wir nicht viel falsch.

Dann passieren vielleicht auch nicht solche Geschichten, wie sie die BBC-Serie *Outnumbered* schildert. Die Sendung ist ja ohnehin die schönste Möglichkeit für uns gestresste Eltern, über uns selbst zu lachen. »Zahlenmäßig überlegen«, bedeutet der Titel. Pete und Sue leben mit ihren drei Kindern Jake, Ben und Karen im Südwesten Londons. Jake, der älteste Sohn der fünfköpfigen Familie, hat gerade die weiterführende Schule begonnen. Sein Vater Pete wurde als Junge selber oft schlecht von den Mitschülern behandelt und leidet nun grundlos mit seinem Sohn mit. Jeden Tag bohrt er nach, wie Jakes Tag in der Schule denn war. Es fällt ihm sichtlich schwer zu akzeptieren, dass dieser nur mit einem knappen »Okay« antwortet. Ohne konkreten Anlass erzählt Pete, dass Mitschüler manchmal gemein sein können, er kenne das von früher. Er drängt seinem Sohn seine Hilfe regelrecht auf. Als herauskommt, dass Jakes Handy in der Schule gezockt wurde, fühlt sich der Vater bestätigt. Endlich kann er sein Trauma von früher aufarbeiten und mit den Bösewichten abrechnen! Es ist, als ob er nur auf diesen Moment gewartet habe. Da zieht Jake ein gequältes Gesicht und stöhnt: »Papa, nimm's mir nicht übel. Aber immer wenn du dich einmischst, wird alles noch schlimmer!«

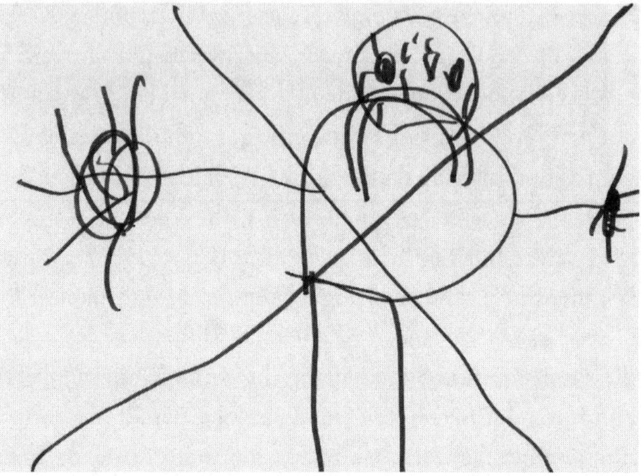

Ein Indianer kennt keinen Schmerz? Die Kinder nennen dieses selbst gezeichnete und selbst erfundene Verbot so: »Wenn einer weint, darf er nicht hinein!«

Kapitel 21

»Wenn du nicht aufhörst zu heulen, geb ich dir einen Grund.« *Thomas*

Erwachsene haben keine Geduld mit weinenden Kindern. Schön blöd. Man sollte Kinder heulen lassen: Es hilft allen.

Wollte gerade irgendjemand einwenden, so etwas sage doch keiner mehr? Von wegen. Neulich in der U-Bahn habe ich es wieder gehört. Da, wo man sich auf langen Bänken gegenüber sitzt, kann man die anderen in all ihrer Schönheit oder ihrem Elend bestens beobachten. Ein Mädchen, etwa fünf Jahre alt, das ein kleines Fahrrad mit in der Bahn hat und vielleicht gerade von einem Ausflug kommt, will noch nicht nach Hause. Es weint und jammert. Und dann sagt der Vater es wirklich: »Hör auf mit der Heulerei, sonst gebe ich dir einen Grund.«

Das ist ein Spruch von der richtig schrecklichen Sorte, da gibt es wirklich rein gar nichts schönzureden. Ich bekomme auch sofort schlechte Laune, wie ich dasitze und das alles beobachte. Dazu dann auch noch so ein drohender Blick und die demonstrativ erhobene Hand. »Was für ein mieser Typ«, denke ich und stelle mir vor, wie so ein wütender erwachsener Mann auf ein gerade mal halb so großes Kind wirken muss. Ein bisschen so, als käme Sauron, der drei Meter große dunkle Herrscher aus *Der Herr der Ringe* plötzlich zur Tür rein. Aber dann fällt mir noch etwas ein: Leider habe ich mich auch schon einmal bei diesem Gedanken ertappt.

Die Androhung von Gewalt, dieses allerletzte Mittel des hilflosen Patriarchen, ist nicht einmal das Schlimmste an der Idee, dass man einem bereits weinenden Kind eine knallen müsse. Denn meist bleibt es ja, jedenfalls unter den Eltern, die nicht ganz zu lieblosen Egalos verkommen sind, bei dem bloßen verbalen Muskelspiel. Nein, es geht um etwas anderes. In dem Satz steckt das ganze Missverständnis zwischen Kindern und Erwachsenen. Unsere ganze Unfähigkeit, das Kind und seine Welt zu begreifen, lässt sich daraus ablesen.

Denn Weinen ist eine lebendige Äußerung, genau wie Lachen, Schreien, Pfeifen, Singen, Grunzen, Stöhnen. Eine nützliche, manchmal schöne, manchmal wichtige Sache. Warum soll man das unterdrücken? »Ein Indianer kennt keinen Schmerz«, habe ich als Kind immer gehört, wenn ich mir zum Beispiel die Knie aufgeschlagen hatte.

Hier muss es einmal gesagt werden: Weinen ist eine tolle, wichtige Sache. Noch mal, damit es niemand überliest: Weinen ist gut. Jetzt ist Gelegenheit, Woody Allen zu zitieren. »Ich gehe seit fünfzehn Jahren zur Therapie, und ich habe so was noch nie erlebt«, meckert Alvy im *Stadtneurotiker,* als Annie ihm von ihrer ersten, offenbar sehr bewegenden Sitzung beim Psychologen erzählt. Und er sagt: »Du hast geweint? Ich hab noch nie geweint, nicht ein einziges Mal. Phantastisch …«

Weinen als Weg

Warum weint das Kind? Diese Frage ist die erste, die das neue Leben begleitet. Sie leitet jeden Elternratgeber ein, und alle

Elternportale im Internet begrüßen neue Leser mit genau diesem Thema. Die Antworten sind immer gleich – sauber, funktionell und zielorientiert. Es sei nämlich so: Wenn das Baby weint, dann ist (a) die Windel voll, oder das Baby hat (b) Hunger oder ist (c) müde. Manchmal kommt noch ein anderer Grund in die Liste, etwa: »zu warm angezogen«. Aber immer ist die Denkweise die gleiche: Es gibt da ein Problem, das behoben werden muss, und dann hört das Weinen auf. Sehr lösungsorientiert.

Als Leo knapp ein Jahr alt war, sind wir mit ihm zu einer pensionierten Ärztin gegangen, die hin und wieder als Beraterin für Eltern arbeitete. Sie war Kinderärztin, sie konnte Feldenkrais, diese wundersame Mischung aus Gymnastik und Körpertherapie, sie bot Babyturnen an, sie wusste einfach sehr viel und beeindruckte Eltern aus unserem Bekanntenkreis mit ihrer natürlichen Autorität. Wir saßen also bei dieser Gisela, unser Sohn lag vor ihr auf einem Tuch und strampelte fröhlich. Und wir trugen ihr unser vermeintliches Problem vor: »Bevor er einschläft, schreit und weint er immer eine halbe Stunde lang. Wir haben alles versucht, ein warmes Bad, Herumtragen, mehr Essen geben, weniger Essen geben, es ändert aber gar nichts.« Gisela schaute ihn und dann uns lange an und dann sagte sie: »Na ja, Einschlafen, das ist ja auch eine schwere Sache. Geht mir nicht anders.« Und das war's.

Es überraschte uns, dass eine medizinische Autorität so gelassen mit dem Thema umgeht. Aber, natürlich, eigentlich erstaunlich ist eher die sonst übliche Wut auf das Weinen, die uns Erwachsene prägt. Je älter, umso mehr, möchte man manchmal glauben. Meine Freundin Hanna berichtet, dass sie mit ihrer Tochter spazieren ging, das Mädchen weinte im Kinderwagen, da beugte sich an der Ampel eine ältere Dame zu dem Baby herunter und sagte: »Ach, was ist das denn! So ein schönes Mädchen bist du, da weint man doch nicht so, das ist ja ganz hässlich.« Auch das noch, dachte Hanna. Jungs weinen nicht, weil sie als harte Indianer keinen Schmerz kennen dürfen, und bei Mädchen ist es der Schönheit abträglich.

Eine kurze Umfrage unter Freunden hat ergeben: Viele durften als Kind nicht weinen, und manche leiden immer noch darunter. »Jetzt hör erst einmal auf zu weinen«, »Stell dich nicht so an«, »Du bist doch keine Memme«, »Was soll denn das Theater« – das sind die Sätze, die sie als Kind gehört haben. Eine Bekannte sagt: »Ich hätte mir gewünscht, dass meine Tränen auch respektiert werden.« Eine andere: »Ich selbst kann heute überhaupt nicht weinen. Eigentlich schade.«

Auf diese Art haben einige von unseren Eltern und Großeltern viele Chancen verpasst, ihren Kindern nahe zu sein. Es geht beim Zulassen von Weinen auch darum, »wie Sie mit Ihrem Kind auf einer tieferen, emotionalen Ebene in Verbindung kommen und ihm helfen, mit seinem wahren Selbst in Berührung zu bleiben«, schreibt die Pädagogin Aletha Solter. Die Schülerin des berühmten Entwicklungspsychologen Jean Piaget hat sich in den achtziger Jahren einen Namen damit gemacht, als Erste die negativen Emotionen zu verteidigen. Kinder müssen schreien, heulen und wütend sein. Hin und wieder jedenfalls. Ihr eigenes Institut, an dem sie heute noch als fast Siebzigjährige arbeitet, nannte sie »aware parenting«: bewusste Erziehung.

Von der Ärztin, die auf unsere Frage, wie man das Weinen abstellt, so unerwartet reagierte, hatten wir etwas gelernt. Etwas ist vielleicht einfach zum Weinen, und deswegen muss geweint werden. Da stößt die moderne Effektivität an ihre Grenzen. Diese halbe Stunde des Schreiens mussten wir dann eben einplanen und unserem Kleinen so gut wie möglich dabei helfen, sie zu überstehen. Am Ende ist das eine gute Erfahrung geworden, und nach einigen Wochen war es auch vorbei.

Der Fight in meinem Bett

Ich bin der Erste, der einen Gedanken verstehen kann wie: Einschlafen ist doch auch einfach anstrengend, ein bisschen furchterregend, eben eine große Aufgabe. Wir Erwachsenen haben natürlich gelernt, diese Gefühle zu vergessen, schließlich sind wir erwachsen. Man sagt immer, dass es Lerchen und Eulen unter den Menschen gebe. Was das angeht, dürften Julia und ich eigentlich nicht zusammenpassen. Während sie abends schon längst eingeschlafen ist, lese ich noch obskure Magazine, räume mein Regal auf oder suche mir im Internet langwierig einen Pullover für den Herbst aus. Ich gebe es zu, ich hasse Schlafengehen. Vor ein paar Tagen erst saß ich noch bis in die Nacht mit »GTA5« vor meiner Playstation. Es war mitten in der Woche, am nächsten Morgen würde es genug zu tun geben, und trotzdem musste ich noch nach Mitternacht in der virtuellen Welt ein paar korrupte FBI-Agenten auffliegen lassen.

Plötzlich hörte ich ein Geschrei aus dem Kinderzimmer, das den Lärm des Ballerspiels in meinem Kopfhörer locker übertönte. Mein großer Sohn war aufgewacht.

Und er war wütend. Das merkte ich, als ich bei ihm angekommen war. Zum Schlafengehen hatte er sich eine Höhle gebaut, ein zeltartiges Gebilde aus zwei Gästematratzen, ein paar Laken und einer Decke, im Inneren beleuchtet von Taschenlampen, beschallt mit Hörspielen vom lustigen Sams. Darin hatte er sich zuvor schlafen gelegt. Nun war das schöne, aber instabile Konstrukt über ihm zusammengebrochen. Leo saß daneben und fluchte und weinte im Halbschlaf. Ich konnte es nicht wieder aufbauen, weil die Spielzeugkisten, die es stützten und nun unter den Decken lagen, dabei gerumpelt und geklappert hätten. Alle wären aufgewacht, und der Familienfrieden wäre dahin gewesen. Jedenfalls war das mein Gedanke um halb eins. Auf meine Weigerung, die Chose umständlich neu zu errichten, reagierte Leo mit weiterem Schrei-Weinen. Zwanzig Minuten später habe ich den Jungen, der sich am nächsten Tag übrigens an nichts erinnerte (nein, er brüllte morgens sogar noch einmal, weil er dann noch mal, und wie er dachte, erstmals, bemerkte, dass die Höhle zusammengebrochen war), mühsam in sein ganz normales, unüberdachtes Bett gelegt und gewartet, bis er sich in den Schlaf geschimpft hatte.

Geduldig war ich vielleicht geworden als Vater, besonders verständnisvoll aber nicht, und so beklagte ich mich am nächsten Morgen noch ein bisschen, ob es denn wirklich sein müsse, dass mein Sohn mich nachts anmotzte. Ich glaube, ich drückte das nicht ganz so differenziert aus, sondern sagte wohl eher: »Sind wir denn im Affenhaus hier?« Bis meine Frau in vorbildlicher, ruhiger, sonniger Art meinte: »Ach, da ist aber jemand ärgerlich und erschöpft. Es war aber auch eine lange, schwierige Woche für dich. Heute Mittag ist die vorbei, und wir machen was Schönes.« Tatsächlich war Freitag. Und als ich meinen Sohn dann zur Schule brachte, erzählte die Lehrerin, die mich zufällig sah, er habe gestern seinen Mathe-Test gehabt. Und er müsse noch dies und das und jenes lernen,

Mathe super, aber Lesen der Aufgaben noch nicht, und ein Gedicht habe er vorgetragen, obwohl er doch so ungern vor Gruppen stehe, und eine Geschichte über ein Weizenkorn geschrieben, mehrere Seiten lang.

Puh. Von all diesen Dingen hatte ich nichts gewusst. Und vielleicht hätte ich in einer so aufreibenden Woche auch irgendwann einen Wutausbruch bekommen.

Wir Erwachsenen unterscheiden uns auch in diesem Punkt wieder kaum von unseren Kindern. Statt zu schreien, setzen wir uns zwei Stunden vor den Fernseher, obwohl das Programm so spektakulär schlecht ist. Viele meiner Bekannten trinken abends immer noch ein Bier, und nicht alle, weil es ihnen so sehr schmeckt. Vor einiger Zeit hörte ich von einem Freund, der einen sehr gut bezahlten, aber eben auch anstrengenden Job bei einem Finanzdienst hat, dass er abends immer noch einen »Spin-off-Joint« rauche. Spin-off, also da »schleudert etwas aus«, wie der Plattenspieler oder die Waschmaschine, wenn man den Stecker zieht. Und dazu braucht er also ein Hilfsmittel. Es mag ja sein, dass Marihuana gerade nach und nach legalisiert wird und selbst in Amerika in den ersten Staaten erlaubt ist. Trotzdem: Ob das nicht zu Sucht führe, frage ich, ohne nachzudenken, wie es ein echter Spießer tun würde. Der Freund ist ehrlich entsetzt: »Ja, was glaubst du denn«, fragt er zurück, »was denn wohl die Alternative sein könnte?« Er meint das als rhetorische Frage, aber ich sehe eigentlich schon ein paar Alternativen. Nachts noch mal kurz durch den Park um das Planetarium laufen, in der eiskalten Luft. Oder im Videospiel eine Bank überfallen. Alles Unsinn. Aber unser Bedarf an täglichem Schwachsinn, von Talkshows über schlechte Serien bis zum Kommentare schreiben im Internetforum, das alles ist vielleicht dazu da, uns wieder zu beruhigen. Kinder haben diese Mittel alle nicht und schreien und weinen eben eine halbe Stunde.

Wie man sich selbst spürt

Bei dem zurzeit unter Eltern üblichen Perfektionismus darf es wohl einfach nicht sein, dass das Kind Stress und negative Gefühle abbauen muss. Das kränkt uns ja quasi, wir glauben gleich, etwas falsch gemacht zu haben. Aber vermeiden lässt es sich kaum.

Julia und ich kommen schnell auf mehrere Ereignisse, bei denen unsere Babys sich sicher sehr unwohl gefühlt haben. Zweimal wurde Leo, als er erst ein paar Monate alt war, der Brei etwas zu heiß in den Mund gestopft – wir waren einfach noch zu unerfahren im Umgang mit dem Aufwärmgerät. Quinn dagegen erlebte das Gegenteil: Als wir im Winter mit Freunden und Schlitten den Nachmittag an einem Hügel verbrachten, stand er zwei Stunden am Rand der verschneiten Szenerie. Erst als Quinns anfängliches Weinen in ein Schluchzen übergegangen war, bemerkten wir, dass sein neuer Schneeanzug überhaupt nichts taugte und das Kleinkind schon blaugefrorene Beine hatte. Irgendwas geht immer mal schief, so aufmerksam und wohlwollend man ist.

Maja, unsere Dritte, könnte sich schon ein kleines Einsamkeitstrauma geholt haben. Denn Julia war kürzlich so übermüdet, dass sie bei einem langen Einkauf im Supermarkt den Kinderwagen in der Nähe der Zitronen stehen ließ, gedankenlos den Einkaufswagen einer anderen Kundin griff und damit durch die Regalreihen schlenderte. »Ich habe nur gemerkt, ich schiebe etwas«, berichtet sie mir später. »Dass es nicht unser Baby ist, sondern die Wurst von sonst wem, fiel mir erst viel später auf.«

Und das sind nur ein paar Gründe zu weinen. Eigentlich gibt es ja noch etliche mehr, die sich einfach nicht verhindern lassen, neben der bereits erwähnten Müdigkeit die Angst und der Hunger, zu heiß, zu kalt, zu laut, zu leise und überhaupt die Tatsache, einen Körper zu haben und das komische Ding gut zu bewegen, sodass es nirgends zwickt oder zwackt. Während wir zur Entspannungstherapie müssen, um auf der Matte unter Anleitung dann überhaupt zu fühlen, was uns wehtut und wie die Schultern verspannt sind, sind Kinder ihren Empfindungen immer total ausgesetzt. Schön und anstrengend muss das sein. Denn den Beschwerden des Innenlebens ist das Kind ausgeliefert, manchmal ohne das sich oder anderen erklären zu können. Als Leo vier Jahre alt war, fasste er sich einmal auf die Brust, grübelnd wie ein Wissenschaftler, um irgendwann zu sagen: »Mein Herzchen schlägt.« Überhaupt beklagen unsere Kinder manchmal seltsame Phänomene, von »Meine Wange fühlt sich von innen komisch an, das nervt« über »Es tut mir weh hier an der Seite bei dem Knochen an der Hose, innen drin aber« bis »Wenn ich atme, geht meine Luftröhre nicht weit genug auf«. Erwachsene neigen dazu, das als Unsinn abzutun. Vermutlich haben sie es nur vergessen.

Die berühmte »Dreimonatskolik«, die landläufige Erklärung dafür, dass ein Baby viel schreit, ist übrigens auch ein Mythos. Meist haben die Schmerzen nichts mit Verdauung zu tun. Es gibt auch kein Gegenmittel, weder »Hypoallergen-Milch« noch Anti-Blähungstropfen helfen, wie Studien zeigten. Zurzeit sagt die Medizin: Die Säuglingsschmerzen sind eine Art Reizüberflutung, das Gehirn kann die vielen Signale der Nerven noch nicht richtig verarbeiten. Anders gesagt: Der Körper muss sich erst einmal daran gewöhnen, wer er ist und wie er funktioniert. Kein leichter Job!

Kapitel 22

»Geh nicht mit nassen Haaren raus!« *Thomas*

Blödsinn hält sich selbst am Leben! Praktisch alle Gesundheitsweisheiten sind für den Müll. Am besten sollte man einfach immer das Gegenteil tun.

Die Sache mit den nassen Haaren ist älter. Aber für mich bleibt sie ein Spruch der Achtziger. Dem Jahrzehnt der Drei-Wetter-Taft-Frau. Das war diese Blondine mit dem wallenden Haar, die durch eine Haarspray-Werbung stolzierte und immer perfekt geschniegelt war. Bei Regen, Wind oder Sonne saß ihre alberne Frisur. Damals wollte man als Jugendlicher gegen alles rebellieren und ging natürlich in zerrissener Jeans und mit feuchter, noch am Kopf klebender Anti-Frisur auf die Straße. Und dann erscholl der Ruf der Mutter: »Geh nicht mit nassen Haaren raus! Du erkältest dich!«

Sprüche wie dieser begleiteten meine Kindheit, und ich höre sie noch heute auf dem Spielplatz oder vor dem Schultor. Das Lustige ist, sie sind fast alle falsch, bloßer Aberglaube, den niemand hinterfragt.

»Geh nicht mit nassen Haaren raus!«
Manch einen begleitet der Satz durch seine gesamte Kindheit und Jugend. Schade um die vielen verschwendeten Worte! Denn tatsächlich ist die Annahme, man werde sich wegen der nassen Haare rasch erkälten, falsch. Die sogenannte Erkältung ist eine Virusinfektion, und man bekommt sie, wenn Viren sich in der Nasen- und Mundschleimhaut festsetzen. Für eine skandinavische Studie gingen mehrere Tausend Probanden bewusst mit nassem Haar auf die Straße, und Erkrankungen traten nicht häufiger als bei der geföhnten und bemützten Testgruppe auf.

Dieser Irrtum stammt aus einer Zeit, als die biologische Forschung von Viren noch nicht viel wusste und es in der Alltagsbeobachtung so erschien, als häufe sich Schnupfen nun einmal im Winter, also sei doch wohl die Kälte der Auslöser.

Vier von zehn Müttern glauben das auch heute noch wirklich, ermittelte eine Umfrage. Vielleicht hat Louis Pasteur den Aberglauben in die Welt gebracht, als er 1878 Hühner mit Milzbrand infizierte und einige in Eiswasser stellte, andere in Decken wickelte. Die mit den Decken überlebten. Als aussagekräftig gilt seine brutale Studie mit wenigen Testobjekten heute nicht mehr. Blättert man Internetforen durch, trifft man auch immer wieder auf die bizarre Behauptung, der Mensch verliere besonders viel Körperwärme über den Kopf. Auch das ist unwahr. Geht man mit nackten Beinen raus, verliert man viel mehr Wärme über diese Hautbereiche.

In der Wissenschaft gibt es aber heute auch die These, dass gerade das Gegenteil, nämlich die warme und trockene Luft in Innenräumen, für die vielen Erkältungen verantwortlich ist – die hilft den Viren, sich zu verbreiten. Und in subtropischen Gebieten gibt es im Sommer eine zweite Grippewelle. Also von wegen »Erkältung«. Für eine Fernsehsendung, die solchen Alltagsmythen nachging, haben sich einige Testpersonen eine Stunde lang in eine kalte Wanne gestellt. Krank geworden ist keiner. Es ist sogar wahrscheinlicher, dass, wer die Kälte spürt und sich bewusst damit auseinandersetzt, oft eher sportlicher und aktiver ist, also das stärkere Immunsystem hat. Wenn es kalt ist, verbringt man mehr Zeit drinnen in der Nähe anderer, möglicherweise schon erkrankter Menschen. Richtiger wäre also der Schluss: Wer im Winter besonders viel rausgeht und die aufgeheizten Büros, Einkaufszentren und Kinos meidet, lebt gesünder.

Über die ästhetischen Folgen redet keiner, aber ich halte sie für dramatisch. Ich selbst wurde als Kind von einem ewigen »Setz deine Mütze auf!« gequält. Auf alten Fotos trage ich überall diese langweiligen Eierwärmer, die damals wohl gerade in der Kindermode angesagt waren. Ich habe sie gehasst und bin noch heute davon überzeugt, dass ein Mann mit einer glatten Wollmütze im Badekappen-Stil wie ein Trottel aussieht. Dass sie nicht cool waren, war schon damals jedem klar, übrigens auch meinen gnadenlosen Klassenkameraden. Als Erwachsener wurde ich Kapuzenfan. Ich trug nie wieder eine Mütze.

»Nach dem Eisessen kein Wasser trinken!«

In meinem Elternhaus wurden solche eisernen Regeln frenetisch, ja regelrecht panisch immer wieder proklamiert. Als Kind hatte ich deshalb richtig Angst davor, nach dem Eisessen etwas zu trinken, und habe besorgt kalkuliert, wann ich denn wohl meinen Durst wieder stillen dürfte. Denn dass diese Regel nicht ewig gelten könne, war ja klar, sonst müsste ich jämmerlich verdursten. Dann kam eines Tages der Schock:

Als ich in die Grundschule gekommen war, lud mich meine Freundin und Klassenkameradin Simone zum Geburtstag ein. Sie wurde acht, und ungefähr so alt war ich auch. Als Höhepunkt des Programms aus Topfschlagen und Blindekuh gab es im Wohnzimmer für alle Erdbeer- und Vanilleeis, und danach tranken die anwesenden Kinder freimütig etwas Kaltes – auch Brause – und Wasser. Ich war entsetzt. Vorsichtig verwies ich auf die angeblich eiserne Regel »Nach Eis darf man nichts Kaltes trinken«, was allseits mit Achselzucken quittiert wurde, selbst von Simones Mutter. Beklommen wartete ich also, wann die Ersten mit schrecklichen Bauchschmerzen zu Boden gehen würden. Ich war durstig geblieben und glaubte, ich werde als Einziger überleben. Es geschah aber nichts. Ich ging sehr verstört nach Hause an jenem Tag.

Viel später habe ich meine Mutter einmal gefragt, wie sie eigentlich auf diese Regel gekommen sei. Ihre Antwort war: »Das hat meine Mutter uns immer so gesagt.« Tja, und so geht es mit den Sprüchen, sie sind kaum totzukriegen. Wer sie einmal erfunden hat, aus Überängstlichkeit oder weil er irgendetwas missverstand, ist nicht mehr zu klären.

»Nach Obst kein Wasser trinken!«

»Nach dem Obst kein Wasser trinken« – auch diesen Spruch kennen viele. Auch keine Cola oder Fanta, eigentlich gar nichts Kaltes. Dass man überzuckerte Industriebrause vielleicht grundsätzlich nicht trinken sollte, mag sein. Mit Obst hat das alles aber nichts zu tun. Genauso wenig wie die einschränkende Version »Nach Steinobst darf man nichts trinken«, die das Verbot vor allem auf Kirschen oder Pflaumen bezieht.

Eine Idee dahinter, falls es überhaupt eine gibt, ist: Wasser verdünnt die Magensäure, und Bakterien können sich stärker vermehren. Und dann kriegt man Bauchschmerzen. Das alles ist allerdings nach Meinung von Biologen ein Mythos. Mit jedem Essen bekommt der Magen auch eine Ladung Bakterien, ein gesunder Bauch hat damit keine Probleme. Der Spruch könnte aus Zeiten stammen, als das Trinkwasser grundsätzlich von viel schlechterer Qualität war als heute. Bis heute scheint den Nonsens keiner ernsthaft hinterfragt zu haben. Selbst Julia gibt unumwunden zu: »Wieso, das sage ich den Kindern auch immer …? Hat sogar unser Chemielehrer in der neunten Klasse so erklärt.« – »Na, dann ruf ihn an und frag noch mal nach«, schlage ich vor. Aufschrei Julia: »Du spinnst wohl, der hat mich gehasst!«

»Nichts Frischgebackenes essen!«

Das Verbot von leckeren Teigwaren, die gerade aus dem Ofen kommen, ist eine weitere eiserne Regel. Angeblich müssen das Brot oder der Kuchen immer erst gründlich abkühlen. Auch hier folgt die Strafe sonst auf dem Fuße: Bauchschmerzen. Erst recht übrigens, das ist dann die Steigerung des Fehlverhaltens, wenn man Frischgebackenes isst und danach noch Wasser trinkt. Tatsächlich ist auch das Blödsinn, denn die Hefe ist nach dem Backen so oder so tot – sie kann sich also auch nicht im Bauch vermehren und gären.

Wirklich gefährlich ist übrigens das Naschen von rohem Teig, sofern der Eier enthält. Da könnte eine Salmonelleninfektion drohen. Genau in diesem Punkt haben die guten alten Vorfahren aber auch wieder das Gegenteil geglaubt. Julia, die in den Achtzigern ein Schulkind war, berichtet von einem Freund, der morgens immer ein rohes Ei ausschlürfen musste. Seine Eltern sagten: »Das gibt Kraft.« Das war aber genau falsch. Die Altvorderen haben offenbar ein Talent, zielsicher genau Dinge zu verbreiten, die einer kritischen Prüfung nicht standhalten.

»Nicht mit vollem Bauch baden!«

Angeblich gibt es Magenkrämpfe, wenn man nach reichlichem Essen ins Schwimmbad geht und sich sportlich betätigt. Jedenfalls geht sogar unter Sportlern bis heute diese Weisheit um. Besorgte Mütter und Väter lieben sie auch, manchmal verbieten sie sogar das Baden in der Badewanne nach einem Essen. Und offenbar gilt die Binsenweisheit weltweit, denn schon in den Sechzigern hat ein amerikanischer Sportarzt die Sache mal auf ihren Wahrheitsgehalt untersucht. Ergebnis: Zwar ist der Bauch mit der Verdauung beschäftigt, und deswegen wird kein Schwimmer nach dem Essen Rekorde brechen. Aber schaden wird ihm der Sprung ins Becken auch nicht.

»Das braucht Luft, dann heilt das besser.«

Gern gesagter Spruch, wenn man sich als Kind das Knie aufschlug oder in den Finger schnitt. Tatsächlich trocknet Luft die Wunde eher aus, und dadurch bildet sich Narbengewebe. Wird eine Wunde unter einem Pflaster feucht gehalten, heilt sie fast doppelt so schnell.

»Lies nicht unter der Bettdecke, du machst dir die Augen kaputt.«

Für die Behauptung, dass das Lesen bei Dämmerlicht den Augen schadet, gibt es nicht den geringsten wissenschaftlichen Beleg. Die Augenärzte sagen, die Idee ist nicht nachvollziehbar. Man wird, unter anderem wegen einer gewissen

Anspannung der Muskeln, höchstens schneller müde. Und das wäre ja nicht mal so schlimm. Die angedrohten Langzeitfolgen aber sind wohl ausgeschlossen.

»Kaugummi verklebt den Magen!«

Stimmt nicht, die Magensäure ist viel zu stark, sie könnte ein Kilogramm Kaugummi anstandslos zersetzen. Magensäure hat, wenn der Bauch ansonsten ziemlich leer ist, einen pH-Wert von 1 bis 1,5. Da kommt manches scharfe Putzmittel nicht mit. Vermutlich wollen Eltern mit diesem Spruch einfach verhindern, dass die Sprösslinge einen Kaugummi nach dem anderen in sich hineinstopfen, weil die Dinger bereits nach wenigen Minuten ihren Geschmack verlieren. Ein echter Wegwerfartikel eigentlich. Eventuell also wirklich nervig, so ein Kaugummi an sich. Aber er verklebt keine Mägen – sondern nur die Sitze von S-Bahnen und Bussen.

Kapitel 23

»Das verwächst sich.« *Julia*

Vielleicht aber auch nicht. Eltern sollten ihre Kinder lieber gleich so nehmen, wie sie sind. Das erspart spätere Enttäuschungen.

Als Maja, unser jüngstes Kind, auf die Welt kam, sagte Oma: »Ist die süß! Alles dran, und zum Glück keine abstehenden Ohren!« Es freute mich, dass Oma sich so über die Enkelin freut, und ich musste auch ein bisschen lachen über den Satz. Aber irgendetwas trübte meine Begeisterung. Ja, und wenn sie nun abstehende Ohren hätte?, fragte ich mich. Wäre das dann weniger gut? Ich kenne Oma und weiß, wie sie das meint. Sie würde die Kleine natürlich auch mit Segelohren lieben. Wohl kaum würde sie auf die Idee kommen zu sagen: »Die gefällt mir aber nicht. Können wir die bitte zurückgeben?«

Vielleicht aber hätte sie gesagt: »Das verwächst sich.« Das immerhin ist nicht ganz unwahrscheinlich.

»Das verwächst sich.« Diesen Satz hatte ich schon fast vergessen. Neulich sagte ihn ein Freund zu mir. Er war bei uns zu Besuch, und Leo und Quinn tobten wie wild in der Wohnung herum, sie jagten sich und warfen Kissen, es war ein einziges Tohuwabohu. Dabei hatte ich am Vormittag einen kleinen Radausflug mit den beiden gemacht und hinterher noch einen Kuchen gebacken und mit ihnen eine Ritterburg aus Lego gebaut. Am mangelnden Programm konnte der Energieüberschuss nicht liegen. Erschöpft warf ich mich aufs Sofa und stöhnte: »Ich weiß nicht, was ich machen soll, die sind echt nicht totzukriegen, und jetzt hauen sie die ganze Bude kurz und klein!«

Mein Freund schob das am Boden verstreute Innenleben eines Dinkelspelzkissens mit dem Fuß beiseite, offenbar hatte sich der Reißverschluss beim Spielen geöffnet. »Na ja, das verwächst sich«, sagte er. Er meinte das spaßig. Aber die meisten Erwachsenen kennen den Satz tatsächlich noch aus der eigenen Kindheit. Manchmal sagten ihn die Eltern, um uns Kinder zu trösten. Etwa wenn wir beim Spielen gestürzt waren und eine fette Verletzung mit nach Hause brachten. Wahlweise sagten sie: »Bis zur Hochzeit ist es vergessen.«

Oft versuchten sich die Eltern aber auch selbst damit zu beruhigen. Bange hofften sie darauf, dass die eine oder andere Macke ihres Kindes im Laufe der Jahre heimlich, still und leise verschwinden möge.

Die schiefe Nase stört

Denn manche Erwachsene betrachten charakterliche Eigenschaften oder die körperliche Beschaffenheit ihrer Kinder als Problem. Wenn zum Beispiel der vierzehnjährige Sohn zu einem etwas unförmigen Lulatsch mit Schuhgröße 45 herangewachsen ist und jeden Morgen sechs Toastbrote zum Frühstück verdrückt. Oje! Oder wenn die fünfjährige Tochter leider kein niedliches Stupsnäschen abbekommen hat, sondern Papas kolossalen Zinken. Du liebe Zeit! Da kann man nur hoffen, dass sich diese ungestalten Proportionen mit der Zeit zum Ebenmaß hin optimieren. Solange die Kinder in der Wachstumsphase stecken, ist noch nicht aller Tage Abend. Ach, und die Lena-Marie rennt immer in zerschlissenen Pullis herum, wie eine Punkerin. Entsetzlich! Vielleicht findet sie ja einmal einen netten Freund, der ihr das sagt. Und Jonas liegt den halben Tag nur vor dem Computer. Wird Zeit, dass er sich mal sinnvolleren Tätigkeiten widmet.

Kann sein, vielleicht aber auch nicht. Bei Eltern, die ernsthaft so denken, ist die spätere Enttäuschung vorprogrammiert. Denn sie wollen am liebsten ein korrektes, nach ihren Vorstellungen vollendetes Kind haben, und mäkeln ständig an den Ecken und Kanten ihres Nachwuchses herum. Gelegentlich werden dann Gleichaltrige zu Vergleichen herangezogen: »Guck mal, die Katherina von nebenan, wie hübsch die sich immer anzieht! Überhaupt ist das eine richtige Schönheit« oder »Der Markus ist ein ganz Tüchtiger!« Das ist nicht nur niederschmetternd für das solchermaßen kritisierte Kind, sondern, um es mal zugespitzt zu formulieren, regelrecht faschistisch. Die Kinder werden es den Eltern früher oder später heimzahlen. Sie werden mit der Flickenhose zur Abiturfeier gehen, garantiert nicht antworten, wenn sie von Mama gefragt werden, wie es in der Schule war, und sich auch nicht wie gefordert melden, wenn sie im Ferienlager angekommen sind.

Wie verharmlosend der Satz sein kann, wenn tatsächlich ein Problem vorliegt, beweist eine Studie der TU Dresden. Sie schickte 2011 an 6000 Familien Fragebögen zum Thema Magersucht. Lediglich 25 Prozent der Fragebögen kamen überhaupt zurück. Als die Wissenschaftler dann 150 Familien anriefen, bei deren Kindern bereits eine Essstörung vorlag oder wahrscheinlich war, antworteten einige der Eltern, dass sie »für so einen Scheiß keine Zeit« hätten, ihre Kinder schon gut genug kennen würden und keine Belehrung bräuchten. Oder dass sich das schon »verwachsen« werde.

Extrem war auch der Fall der US-Amerikanerin Dara-Lynn Weiss, die ihre siebenjährige Tochter Bea auf Diät setzte, weil sie überzeugt war, dass das Kind zu dick sei. Dabei war Bea ein normalgewichtiges kleines Mädchen. Acht Kilo nahm das Mädchen in einem Jahr ab. Die Mutter verkaufte die Geschichte danach stolz der amerikanischen *Vogue.* Die Mutter hatte ihr Ziel erreicht. Wie es ihrer Tochter damit ging, war nebensächlich, denn Mrs Weiss war der Meinung, sie allein wüsste besser, was gut und richtig für Bea sei. Das mag ein krasser Einzelfall von elterlichem Korrekturbedürfnis sein. Doch erinnere ich mich an eine Frau in der Kita, die eine Tochter in Quinns Gruppe hatte, und die einmal sagte: »Malin wird so dick. Ich war früher selber dick. Ich will kein dickes Kind.« Auch ihre Tochter war normalgewichtig.

Elternschaft mal anders

Ein anderes Beispiel aus meinem Freundeskreis zeigt auf wunderbare Weise, wie vorurteilsfrei und uneingeschränkt Eltern zu ihrem Kind stehen: Als mein Freund Jochen beschließt, mit seiner Frau Anna ein Kind aus Russland zu adoptieren, unterläuft der Adoptionsstelle ein folgenschwerer Fehler. Das Kind, das sie Jochen und Anna zugesprochen haben, hätte zuvor erst noch ein halbes Jahr lang im eigenen Land vermittelt werden müssen. So lautet die Regel. Und die wurde in irgendeinem Hinterzimmer der Behörde schlicht vergessen. Jochen und Anna müssen nun sechs Monate warten und bangen, ob sie ihr Kind denn wirklich bekommen. »Hättet ihr euch das nicht ersparen und euch gleich ein anderes Kind aussuchen können?«, frage ich ihn. »Ja, klar, diese Möglichkeit hat man uns auch angeboten«, sagt Jochen. »Aber wenn man sich für ein Kind entscheidet, dann gibt man das doch nicht einfach so zurück. Wir haben uns gesagt, das und nur das ist unser Kind. Wir stehen die Zeit jetzt durch und sehen, was passiert.«

Kurz vor Ablauf der sechs Monate hat eine russische Frau das Mädchen adoptiert.

Jochen und Annas Elternschaft war für meine Begriffe relativ abstrakt gewesen. Sie hatten das kleine Mädchen noch nicht einmal getroffen, die Elternschaft hatte bisher nur auf dem Papier bestanden. Trotzdem: Wie sie zu ihrer Entscheidung und dem Kind standen, hat mich beeindruckt. Da gab es auf der einen Seite die Trauer, dass sie ihre Tochter in spe wieder verloren hatten. Und auf der anderen den Willen, die Lage nun so zu akzeptieren, wie sie war, und sich einem erneuten Auswahlverfahren zu stellen. Das bedeutete, sich auf ein neues Kind einzulassen, das sie wieder so unbedingt annehmen würden wie das erste.

Wenn man selber schwanger ist, dann wird einem die Freude auf das kleine Wesen bisweilen etwas madig gemacht. Denn auf dem zehnmonatigen Weg bis zur Geburt sprechen die Ärzte viel von Risiken und stellen einem unterschwellig immer wieder die Frage, ob man das Kind denn so möchte, wie es ist. Die medizinische Technik ist inzwischen so ausgereift, dass man das noch ungeborene Kind von allen Seiten betrachten, vermessen und mögliche schwere Erkrankungen erkennen kann. Um dann gegebenenfalls eine Abtreibung zu erwägen. Das formuliert allerdings kein Arzt und keine Ärztin so frei heraus. Thomas und ich zumindest haben das nie erlebt. Meist wird etwas von Sicherheit gemurmelt, und werdende Eltern dürfen sich dann zu Recht fragen: »Von welcher Sicherheit reden die eigentlich?«

Einmal Nichtwissen, bitte!

Wenn man den ganzen Untersuchungszirkus nicht möchte, muss man ein dickes Fell haben. Man muss außerdem gut informiert sein und sich mit seinem Partner in dem Punkt einig sein. Wir zum Beispiel haben während meiner drei Schwangerschaften auf unser Recht des Nichtwissens gepocht. Wir haben auf Untersuchungen, die über das übliche Maß hinausgingen, verzichtet.

Einmal sind wir eingeknickt. Das war, als meine Ärztin uns mit der permanent gestellten Frage: »Und Sie wollen *wirklich* eine Hausgeburt machen?« so verunsichert hatte, dass ich mich dann doch noch einer feindiagnostischen Ultraschalluntersuchung unterzog. Dabei sollten mögliche Fehlentwicklungen ausgeschlossen werden, die man gegebenenfalls direkt nach der Entbindung hätte behandeln können.

Die Nackenfaltenmessung haben wir jedoch bei allen drei Kindern abgelehnt. Sie wird den werdenden Eltern um den dritten Schwangerschaftsmonat herum angeboten und dient einer möglichen Früherkennung, ob beim Kind eine Trisomie 21, das sogenannte Down-Syndrom, vermutet wird. Sie ist mitnichten genau. Neunzig Prozent der Mütter treiben ab, wenn das Kind mutmaßlich behindert auf die Welt kommen wird. »Das ist uns egal«, sagten wir einhellig. »Bitte machen Sie diese Untersuchung nicht.« – »Schön!«, antwortete unsere Ärztin damals und ging zur Tagesordnung über. Das hat uns gefallen.

Als ich mit dem dritten Kind schwanger war, mehrten sich die Hoffnungen von Freunden und Verwandten, es möge doch jetzt nach zwei Jungen endlich mal ein Mädchen werden. Teilweise wurden sie mit so einer Vehemenz ausgesprochen, dass ich richtig beleidigt war. Wir hatten uns dafür entschieden, das Geschlecht des Kindes bis zur Geburt nicht zu erfahren. Eine harte Arbeit! Bei jedem Arzttermin wiederholte ich mein Anliegen (»Bitte nicht sagen!«) aus Angst, es könnte sich jemand verplappern. Nun fragte ich mich: Werden Mädchen im Allgemeinen für ruhiger gehalten, und knüpfen sich die guten Wünsche an die Meinung, das Leben würde dann für unsere Familie etwas erholsamer werden als mit drei männlichen Rabauken? Es konnte mir keiner so recht erklären. Was, wenn es anders käme und es noch mal ein Junge würde? Hätte ich dann versagt? Würde man mir kondolieren?

Wegen dieser Geschichte pflege ich ein kleines Trauma. Ich freue mich unendlich über Maja, und sie ist genau so richtig, wie sie ist. Aber manchmal denke ich an den kleinen Jungen, der Maja auch hätte werden können. Ich fühle mich ein bisschen schuldig ihm gegenüber. Ich denke, ich habe ihn nicht genügend gegenüber den Kommentatoren verteidigt.

Ganz der Papa

Ich finde, es ist selbstverständlich und eine Herausforderung, seine Gören so anzunehmen, wie sie sind. Leo zum Beispiel hat ein paar Charakterzüge von seinem Vater geerbt, die mich in den Wahnsinn treiben. Er ist eine Nachteule. Am liebsten würde er gar nicht schlafen, sondern bis in die frühen Morgenstunden hinein malen, Hörspiele hören und lesen. Wenn man sagt: »Jetzt ist Schluss, jetzt tust du mal gar nichts!«, schreit er: »Nein!« Weil ich diesbezüglich ein komplett anderes Wesen habe, bringt mich sein Verhalten zur Verzweiflung. Ich tue mich schwer damit, das zu verstehen. »Wieso kann sich dieses Kind nicht einfach hinlegen und schlafen? Im Bett liegen ist doch toll!«, jammere ich. Jeden Abend arbeite ich mich aufs Neue an meinem kleinen Hamster ab, der gerade munter in sein Rad springen und mir noch ganz viel erzählen will. »Leo, jetzt machst du das Licht aus und die Augen zu. Du kannst ja noch eine CD hören.« – »Nein, ich kann noch nicht schlafen. Ich will noch malen.« – »Du liegst ja auch gar nicht richtig, so könnte ich auch nicht schlafen. Leg dich mal richtig hin, hier auf das Kissen.« Ich zerre an Leos Armen und Beinen. Widerwillig macht er sich unter der Bettdecke lang. Um gleich darauf wieder mit dem Kopf hochzuschnellen. »Mama, bringst du mir noch ein paar Stifte?« – »Leo, nein!« Das animiert seinen kleinen Bruder, der sich vom Bett gegenüber meldet. »Leo darf noch malen? Dann will ich auch.«

Thomas lässt das alles kalt. Für Leos Hang zum Durchmachen kann er ein hohes Maß an Empathie aufbringen. Dafür kränkt es ihn, wenn die Jungs ihre schön gebauten Lego-Raumschiffe komplett auseinandernehmen und die Teile achtlos im ganzen Zimmer verstreuen. »Das habe ich als Kind nie gemacht!«, beschwert er sich. Tatsächlich hat er neulich mal wieder ein von ihm selbst gebasteltes Raumschiff von anno dazumal vom Dachboden geholt. Es hatte gut dreißig Jahre überlebt. Die Kinder spielten zwei Tage lang damit, dann zerlegten sie es.

An diesen kindlichen Eigenschaften, die wir nicht von uns selber kennen, können wir uns richtig die Zähne ausbeißen. Wir können sie aber auch annehmen, so wie sie sind. Und mehr noch: Wir können sie als eine Art Weiterbildungsprogramm begreifen. Denn unsere Kinder stimulieren durch ihr Sosein unsere leicht unterbelichteten Seiten. Sie bringen uns Eltern an Grenzen, denen wir uns freiwillig nie genähert hätten. Sie bringen uns dazu, dass *wir* uns verändern. Eine Familienberaterin, der wir Leos Verhalten schilderten, sagte mal: »Der fordert Sie ganz schön heraus, nicht?« Dazu lächelte sie ermutigend.

Wohl wahr! Ich jedenfalls bin durch die Erziehung meiner Kinder streitbarer und entscheidungsfreudiger geworden. Darüber hinaus habe ich angefangen, strategische Kartenspiele zu spielen. Das habe ich früher immer gehasst.

Und Thomas geht dank der Kinder, ganz gegen sein Naturell, auch an verregneten Tagen nach draußen. Außerdem hat er das Schwimmen neu für sich entdeckt, einfach, weil er Leo regelmäßig zum Unterricht begleiten muss. Leo liebt diesen Sport und bohrt nun fast täglich nach, ob einer mit ins Wasser kommt. Demnächst wird Thomas bei Leos Schwimmlehrer ein paar Einzelstunden nehmen. »Kraulen kann ich nicht so gut, das will ich mal richtig lernen.«

Kapitel 24

»Uns hat das auch nicht geschadet.« *Thomas*

Doch, hat es. Ihr gebt es nur nicht zu. Irgendetwas hindert uns daran, uns von den schlechten Angewohnheiten unserer Vorfahren wirklich zu verabschieden.

Wenn ein Mann und eine Frau zusammen schlafen, liegen da eigentlich immer sechs Leute im Bett, sagt wieder mal Woody Allen: er, sie, ihre Eltern, seine Eltern. Der Filmemacher meint, wir schleppen immer mit uns herum, was unsere Eltern uns mit auf den Weg gegeben haben – gerade da, wo es intim wird, wo man ungeschützt ist. Sicher, in erotischen Belangen hat man seine Eltern zum Glück nicht unbedingt direkt vor Augen. Aber Macken und Probleme unserer Vorfahren überdauern die Zeit, und wenn wir nackt im Bett liegen, kommen sie zum Vorschein.

Beim Thema Erziehung ist das viel offensichtlicher. Da stehen die eigenen Eltern auch ständig mit im Raum. Als Vorbilder oder als die, denen man vieles gerade nicht nachtun will. Wenn wir Kinder bekommen, wissen wir überhaupt nicht, was wir tun sollen, und als Nächstes fällt uns zuerst das ein, was wir selber als Kinder erfahren und erlebt haben.

Wir Eltern sind deswegen heute viel weniger modern, als wir immer behaupten. Gerade erst im Jahr 2012 stellte eine Umfrage in Deutschland fest, dass fast die Hälfte aller Eltern ihre Kinder schlagen, um sie zu strafen. Jeder Zehnte verteilt Ohrfeigen. Die Studie des Instituts Forsa sagt auch: Unter denen, die früher selbst geschlagen wurde, hauen besonders viele auch heute ihre Kinder. Schlechte Sitten werden weitergegeben, sie erhalten sich selbst am Leben.

Wenn dieser Effekt schon beim Schlagen so stark ist – wie stark muss er erst bei vermeintlichen Banalitäten sein, die man unbewusst weitergibt. Wir vermuten, dass der Einfluss unserer eigenen Eltern auf unseren Erziehungsstil viel stärker ist, als wir denken. Anders ließe sich ja auch gar nicht erklären, dass sich so viele alte Regeln und Klischees so hartnäckig halten – manchmal über Jahrhunderte.

Zickenkrieg mit Mutter und Töchterchen

Kürzlich besuchte ich eine Studienfreundin und verbrachte einen Nachmittag mit ihr und den Kindern. Katja hat mit mir Psychologie studiert, dann aber abgebrochen und ist ins Marketing einer großen Firma gegangen. Ich sitze mit ihr auf dem Spielplatz, und sie ist ziemlich gereizt. Ihre Tochter höre überhaupt nicht, klagt Katja, und in der Tat sagt die Kleine zweimal nö, als ihre Mama sie von dem Wasserhahn in der Mitte der großen Sandfläche wegruft. Diese Hähne sind eine wirklich schreckliche Einrichtung auf Spielplätzen, für die ich die Leute, die das verantwortet haben, schon oft verflucht habe. Im Sommer sind die Kinder ständig komplett durchnässt, und ein Satz Klamotten ist hinüber. Aber mehr noch, das Wasser bleibt auch noch wochenlang angeschaltet, wenn es längst herbstlich bis eisig kalt ist und Planschen nicht mehr angebracht, ohne Bronchitis und angehende Lungenentzündung hervorzurufen. Katja ist unzufrieden mit ihrer Tochter: »Mary hört überhaupt nicht auf mich. Und mir stinkt alles, ich hab keine Geduld mehr. Wenn ich meinen Freundinnen zuhöre, wie süß sie es finden, wenn ihre Kinder sonntagmorgens die ganze Küche verwüsten und den Marmeladentopf auf dem Boden auskippen, wie sie sich darüber amüsieren, dass ihre Kinder immer wieder mit dreckigen Schuhen in die Wohnung laufen, diese Racker – das kann ich alles überhaupt nicht komisch finden. Ich bin einfach nur sauer. Und ich fühle mich oft ausgenutzt.«

Das kann ich nachvollziehen. Doch wie ihre Tochter und sie sich anschnauzen, offenbar als Ergebnis lange aufgebauter Missstimmungen, macht mich traurig. Wenn Katja ruft: »Mary, du nervst, jetzt hau endlich da ab«, mit ziemlich wütender Stimme, kurz vor einem Brüllanfall, ist nicht mehr viel von der Souveränität einer Erzieherpersönlichkeit zu spüren. Eltern sind auch nur Menschen, das ist klar, und sie sollen das auch zeigen dürfen. Ich bin der Letzte, der nicht zugeben würde, dass die kleinen Biester einem kolossal auf den Zeiger gehen können. Aber ich glaube auch, dass man versuchen muss, überlegen zu bleiben. Bei Katja und ihrer Mary wirkt es so, als würden zwei Halbwüchsige einen Zickenkrieg gegeneinander führen. Irgendwann packt Katja ihre Tochter am Arm, schreit sie mächtig an, und endlich trollt sich die Kleine widerwillig und verlässt die verbotene Ecke mit den teigigen Pfützen.

Und dann erzählt Katja mir eine Story aus ihrer eigenen Kindheit. Ihr Vater sei immer verdammt streng gewesen. Eigentlich hätten sich zur Schulzeit die meisten ihrer Freunde deswegen nicht zu ihr nach Hause getraut. Sie erinnert sich daran, wie sie einmal ins Wohnzimmer hereingeplatzt ist, wo die Eltern irgendein ernstes Gespräch führten. Ohne darauf zu achten, habe sie etwas gefragt, und zwar, das weiß sie sogar noch: »Ich möchte mit Tina in den Park gehen, darf ich, und holt ihr mir die schweren Rollschuhe aus dem Keller?« Lautstark habe sie das geträllert und offenbar gar nicht gemerkt, dass die Erwachsenen hier gerade redeten. Über etwas Ernstes. Ihr Vater habe ihr dann eine Ohrfeige gegeben, er habe ihr wirklich richtig eine geknallt, mit solcher Wucht, dass ihr die kleine Faschingströte, die sie gerade im Mundwinkel hatte, im hohen Bogen aus dem Mund gefallen sei. Und dann sagt Katja etwas Bestürzendes, das man gleichwohl sehr oft hört: »Na ja, aber, hat es mir geschadet, dass die so streng waren? Nein.«

»Wogegen sie nicht ankönnen, und was sie selber negiert, dazu werden sie selber«, schreibt Adorno über uns Einzelne in der Gesellschaft. (»Negieren« würde ich in diesem Fall mal ganz salopp mit »fertigmachen« übersetzen.) Denn ich glaube, meine Freundin Katja macht sich etwas vor. Der Spruch »Es hat uns nicht geschadet« ist eher ein Selbstschutz, der über das hinwegtäuscht, was uns eigentlich wehtut. Man sagt so etwas manchmal einfach, ohne sich wirklich Gedanken darüber zu machen. In Diskussionen darüber, wie man heute erziehen sollte, taucht dieser Spruch immer wieder auf. Er ist sozusagen der Klassiker der pädagogischen Stammtische.

Dort, wie überall, wo es um das Elternsein geht, ist es immer noch sehr erwünscht, seine wahren Gefühle zu verdrängen. Besonders unverblümt und schonungslos meckern sich die Leute in Internetforen an und behandeln einander herablassend.

In den einschlägigen Mütter-Foren kommt hin und wieder

auch der Satz vor: »Ich hasse meine Kinder, wie sie mir auf der Nase herumtanzen, das alles macht mich verrückt, was soll ich tun?«

Wer ehrlich ist, muss leiden

Hat jemand sich zu dieser an sich bewundernswerten Ehrlichkeit durchgerungen, kann er auch sicher sein, Spott zu ernten. Ein Beispiel: Eine Mutter schreibt offen, wie sie darunter leidet, siebenmal pro Nacht wegen ihrer Kleinen aufzustehen, und gibt zu, dass sie die Kinder schlagen möchte, sich allein fühlt und es nicht mehr aushält. Da antworten die anderen Dinge wie: »Das kann niemand sein, der sein Kind liebt«, »Bau mal Deine Aggressionen ab«, »Du bist krank«. Pathetische Worte bleiben auch nicht aus: »Wie kann man die Frucht seines Leibes hassen?« In den Augen der Vorbild-Eltern muss wohl schon religiöser Slang her, das ganz große Kaliber. Doch als die Mutter dann zugibt, dass der große Sohn ja auch so schwierig sei und gar nicht auf sie höre, kommt die Kehrseite der rosaroten Familienherrlichkeit zum Vorschein: »Immer die Kinder verhätscheln und betüddeln, klar, dass da so was rauskommt« oder »Früher gab es dann was hinter die Ohren, und gut war's. Heute darf man das ja nicht mehr, ach, wie modern, ey.«

Womöglich hängen die beiden Phänomene miteinander zusammen. Ihr gemeinsamer Nenner ist: Bloß nicht der Wahrheit ins Auge sehen, auch wenn sie zunächst unangenehm scheint. Der eine leidet darunter, wie er als Kind unfair und brutal behandelt wurde. Der andere möchte sich offen damit auseinandersetzen, dass ihm seine Kinder manchmal stinken. Beide passen nicht zur bürgerlichen Fassade.

Manche Eltern beziehen den Spruch »Uns hat es nicht

geschadet« gar nicht auf sehr negative Erinnerungen wie die »elterliche Züchtigung«, sondern auf banalere Dinge. Eine Freundin berichtet mir, sie sage das auch oft, und zwar, wenn sie den Kindern einen ungewaschenen Apfel hinhalte. Und ein Klassiker ist ohnehin die seufzend vorgetragene Aussage, dass wir doch alle ohne Fahrradhelm gefahren seien und ohne Gurt auf der Rückbank des Autos saßen. Was das genau bedeuten soll, wissen nicht einmal die, die es gern sagen, und das alles klingt dann schon fast wie der dümmliche Satz: »Früher war alles besser.«

Daher lasst uns eine kleine Lockerungsübung machen. Wir denken uns Sachen aus, die wir unseren Kindern später sagen werden, wenn die dann einen anderen Lebensentwurf als wir haben. Dann würden wir zu ihnen nämlich ausgemachten Blödsinn sagen wie etwa dies hier:

»Wir haben schon als Grundschüler vier Stunden am Tag auf unser Nintendo gestarrt, na und, uns hat es auch nicht geschadet.«

»Wir haben immer nur frauenfeindlichen Gangsta-Rap gehört, und uns hat es auch nicht geschadet, Bitch!«

»Wir hatten zum Frühstück immer den Industriefraß der großen Konzerne, na und, es hat uns nicht geschadet.«

»Ich habe tagelang das durchgehende Kinderprogamm von Kika und Co. im Fernseher geglotzt, und, hat es mir geschadet?«

Erziehung ist zwecklos, die Kinder machen den Erwachsenen ohnehin alles nach, soll Karl Valentin einmal gesagt haben. Die heimliche Wahrheit hinter dem »Hat es uns denn geschadet?« könnte heißen: ja, leider schon. Ich hätte mich anders mehr entfalten und besser leben können. Wer sagt eigentlich, dass es uns nicht geschadet hat? Viele von uns leiden zum Beispiel an Allergien. Viel mehr Menschen als in früheren Jahrzehnten sind zu dick. Krankheiten wie Zähneknirschen, Nackenverspannung und Burn-out sind Massenphänomene. Wir sind politisch ziellos, arbeiten zu viel und gehen nicht solidarisch miteinander um. Wie viele Erwachsene an Ängsten und Zwängen leiden, lässt sich nur vermuten. Vielleicht ist das eine oder andere leider doch auf die Erfahrungen zurückzuführen, die wir als Kinder gesammelt haben.

Kapitel 25

»Pass schön auf!« *Thomas*

Wir sitzen unseren Kindern oft zu dicht auf der Pelle. Loslassen lernen – das ist nicht nur bei Buddhismus und Bhagwan wichtig, sondern auch für Eltern.

Manche Erziehungssätze langweilen die Kinder regelrecht. Das wurde uns klar, als Leo anfing, sie selbst zu ergänzen. Er hatte lange nach einem Euro verlangt, weil er eine Waffel wollte. Eine warme Waffel mit Puderzucker, so wie es sie bei uns an der Ecke in einem kleinen Café gibt. Weil keiner mitgehen wollte, ist er schließlich auf eigene Faust losgegangen, um sie sich zu kaufen. Da war er zwar gerade sechs, ging aber nicht gern allein draußen herum.

»Sag mal, wenn du allein Waffeln holen gehst …«, sagte Julia, als er mit weiß bepudertem Gesicht nach Hause kam. »Ja, ja, ich weiß schon«, fiel Leo ein. »Dann kann ich auch allein zur Schule gehen.« In letzter Zeit haben wir oft darüber gesprochen, ob er auch mal allein morgens zur Schule gehen mag, und er mochte noch nicht.

Nun ist das Café mit den Waffeln ziemlich genau achtzig Meter von unserer Wohnung entfernt. Die Schule liegt direkt nebenan. Eigentlich ist das mit dem morgendlichen Bringen ziemlich viel Aufhebens wegen einer Strecke, die der

Weltklasse-Sprinter Usain Bolt in weniger als zehn Sekunden schaffen würde.

Ich weiß, es ist betulich, überstrapaziert und auch nicht besonders produktiv, seine eigene Kindheit zum Maßstab aller Dinge zu erheben. Schon gar nicht, sie seinem Kind vorzuhalten. Möglicherweise habe ich einfach keine Lust mehr, immer den Begleitservice für meinen Sohn zu machen, und deswegen denke ich jetzt daran, wie das bei mir als Kind war: Damals, mit sechs Jahren, kam mir mein eigener Schulweg wie eine große Reise vor. Heute, dank Online-Landkarte mit Routenvermessung, kann ich das bestätigen: 2,3 Kilometer war er lang. Ich bin sie mit meinem silbernen Fahrrad gefahren. Es gab zwei Möglichkeiten: entweder direkt an einer tristen Landstraße entlang, über die Lastwagen donnerten, oder zwischen den Feldern durch. Da gab es eine lange Allee, die so stark überwachsen war, dass man selbst im Hochsommer das Gefühl hatte, im Dunkeln zu fahren.

Manchmal wirkt es, als wäre so etwas heute undenkbar. Inzwischen gibt es Internet-Dienste mit Namen wie »Track your kid«, die im Auftrag der Eltern jederzeit das Handy des Kindes orten können. Am Computer oder im Smartphone sehen Mama und Papa dann, wo ihr Kind sich gerade befindet. »Da fühlt man sich halt voll beobachtet«, sagt ein Junge in einer Reportage von *Süddeutsche TV* und beklagt, dass er »keine Privatsphäre« habe. Heute sei eben alles gefährlicher auf der Welt, begründet der Vater im selben Beitrag die Überwachung. Die Mutter fügt an, dass andere Kinder eben besonders skrupellos und gewalttätig seien. Dieser diffuse Zusammenhang aus Angst und Unwissen hat manche Eltern stark verunsichert.

Dabei haben Verbrechen wie der sexuelle Missbrauch

von Kindern seit Jahren abgenommen. Die mediale Berichterstattung und somit die Angst der Eltern, dass etwas passieren könnte, scheint eher größer zu werden. Und dank des Internets und der Mobiltelefone gibt es heute hervorragende Möglichkeiten, sich ein Stück Sicherheit zu erkaufen. Das geht oft auf Kosten der Kinder. Denn elternfreier Raum ist wichtig, bestätigen immer wieder Pädagogen.

Wenn der Amtmann zweimal klingelt

Das Prinzip der Überwachung und Beobachtung scheint gegenwärtig tief in uns verankert zu sein. Und nicht nur bei den Eltern. Kurz nachdem unser erster Sohn geboren war, klingelte es, und eine Dame vom Jugendamt stand vor der Tür. Sie setzte sich auf unser Sofa und sagte: »Ich will Ihnen unsere Unterstützung anbieten, wenn Sie das möchten.«

Kontrolle, freundlich verpackt – ein kluges Konzept. Offenbar schneit das Berliner Jugendamt bei allen Familien, die gerade das erste Kind bekommen haben, mal herein. Später, bei den folgenden beiden Kindern, haben wir die Herrschaften nicht wieder gesehen. Bei Quinn klingelte nur noch das Telefon, und unsere Auskunft, alles sei okay, genügte. Nach Majas Geburt meldete sich keiner. Vermutlich gehen sie davon aus, dass wir es jetzt können.

Unser Freund Miguel, der nette Mexikaner, bringt uns auf den Gedanken, dass dieses Engagement ganz großartig sei. Denn er ist begeistert, als wir ihm davon erzählen. Sein Kommentar: »Bei uns zu Hause schert es den Staat wenig, wie es einer Familie mit Baby geht.«

Diese Fürsorglichkeit des Staates könnte unser Verhalten gegenüber unseren Kindern mit prägen. Heute stehen wir mit unserem fast achtjährigen Jungen vor der Tür zum Klassenzimmer und schieben ihn mit Küsschen hinein zu seiner ersten Stunde. Ich kann mich nicht erinnern, dass in meiner Kindheit jemals irgendwelche Eltern auch nur in der Nähe der Klassenzimmertür waren.

Leo hat Besuch. Seine Klassenkameradin Lara ist da. Genau genommen ist er schon in dem Alter, in dem man Mädchen blöd findet, aber da ich mich gern mit Laras Eltern treffen wollte, habe ich sie mit Kind eingeladen. Es stellt sich heraus, dass das hervorragend funktioniert. In der Schule ärgern die beiden sich nur, einer zieht dem anderen den Stuhl unterm Po weg, und sie klauen sich gegenseitig Radiergummis. Jetzt, am Nachmittag, sind die Grundsätze Mädchen sind doof/Jungs sind doof vergessen. Hier beobachtet sie keiner, also spielen sie stundenlang selbstvergessen und harmonisch miteinander. Als ich einmal ins Zimmer komme, heißt es: »Papa, wir spielen gerade Geburt, das ist ein bisschen peinlich, kannst du rausgehen?« Na klar kann ich, muss ich dann ja wohl.

Auch wenn andere Jungs aus der Klasse da sind, werde ich immer öfter nicht gebraucht. Der sonst sehr freundliche und eher schüchterne Noel sagt zu mir in höflichem Ton: »Hau mal ab, du!«

Wenn Leo aus der Schule nach Hause kommt, sagt er zu mir immer nur ein Wort: »Peter!« Manchmal abgekürzt, weil er weiß, dass ich es ja schon kenne: »Pet!« Das bedeutet: Er möchte nach oben in den zweiten Stock, zu Peter, dem drei Jahre älteren Nachbarsjungen. Die beiden üben auf dem Skateboard Sprünge oder lassen sich im Innenhof von verhärmten Nachbarn anschreien, die sogenannten Kinderlärm nicht ertragen können. Schön, dass er einen Freund hat, denke ich, und dennoch fühle ich mich ein bisschen außen vor. Diese Nachmittage dürften ein erster Vorgeschmack sein auf die bald kommende Zeit, in der Leo von Papa nichts mehr wissen möchte. Loslassen lernen ist eine der nächsten großen Aufgaben im Leben, das merke ich schon.

Es ist nicht nur Angst, die uns ständig nach unseren Sprösslingen schauen lässt. Wir wollen unseren Kindern auch so gern so nah sein. Manchmal merken wir nicht mehr, wann das zu viel für sie ist. »So spät willst du noch weg?« und »Mach's dir doch auch mal hier zu Hause gemütlich« waren Sprüche, unter denen ich selbst einst litt.

Damals haben es meine Eltern nicht gern gesehen, wenn ich sehr viel weg war. Noch als ich dreizehn war, gab es eine Diskussion, ob ich denn wirklich schon wieder zu meinen Freunden fahren müsse und nicht auch einmal zu Hause bleiben könne. Wir Jungs hatten damals einen »Computerclub« gegründet, dessen Hauptziel es war, an die Mädchen ranzukommen, die mitmachten. Ich fühlte mich zu Hause festgehalten und habe den Grund dafür nicht eingesehen.

Übrigens weiß ich ihn bis heute nicht. Meine Eltern hatten vielleicht eine ängstliche Phase, waren nicht bereit zum Loslassen oder wollten einfach sehr gern mehr gemeinsam machen. Vermutlich von allem ein bisschen. In diversen Tagträumen stellte ich mir vor, mich mit einem Seil vom Balkon meines Elternhauses herabzulassen. Allerdings wirkte das Gerüst, an dem ich das Seil hätte befestigen müssen, doch etwas instabil, und dieser Gedanke hielt mich letztlich davon ab.

An der Universität Washington wollen Psychologen gerade erst vor einem Jahr herausgefunden haben, dass übertriebene Fürsorge unseren Kindern sogar schadet. Wenn Eltern sich zu sehr in das Leben ihrer Kinder einmischen, entwickeln diese nur ein schwaches Gefühl dafür, dass sie ihr Leben im Griff haben und auftretende Probleme eigenständig lösen können.

Sie sind häufiger depressiv und ängstlich. Natürlich ist emotionale Anteilnahme wichtig – nur eben nicht zu viel davon. Das ergab die Befragung von dreihundert jungen Menschen zwischen 18 und 23 Jahren.

Die Familientherapeutin Eva Kessler erwähnt in ihrem Buch *Von der Kunst, liebevoll zu erziehen,* dass sich das Kind im Grunde schon ab der Geburt von den Eltern entfernt, im Sinne von Eigenständigkeit. Ab der Pubertät seien Eltern nicht mehr Erziehende, sondern Begleiter, Gesprächspartner.

Dieser Gedanke hilft, wenn meine Söhne zum Spielen auf den Gehweg gehen und ich ihnen nachrufe: »Aber passt an der Straße auf!« Leo ist inzwischen so groß, mir zu signalisieren, wann es zu viel ist. Entweder er bekommt einen Schreianfall und hält sich dabei die Ohren zu (das ist die heftige Version), oder er sagt mit einem Augenrollen: »Ja, jaaa …«

Ich bin ihm dankbar für diese Reaktion. Neulich meinte ich: »Quatsche ich etwa schon wieder zu viel?« – »Ja«, sagte Leo und grinste.

Kapitel 26

»Muss ich alles dreimal sagen?«

Julia und Thomas

Nein, müssen wir nicht. Wenn es um die Kleinen geht, gilt: mehr Kinder, weniger Arbeit – das paradoxe Wunder des Familienlebens!

Wir haben drei Kinder: Leo ist sieben und geht zur Schule, Quinn, fünf Jahre alt, besucht die Kita, und Maja, die Jüngste, ist noch zu Hause. Bald wird sie ein Jahr alt. Die Entscheidung, ein drittes Kind zu bekommen, ist in unseren Herzen schon früh gefallen. Aber man ist ja schon froh, wenn es mit zwei Kindern geklappt hat. So haben wir uns nach Quinn mit der Reproduktion erst mal Zeit gelassen und viel darüber nachgedacht, ob wir das überhaupt schaffen, drei Kinder. Unsere Jungs sind sehr aktiv, sie fordern uns täglich aufs Neue heraus.

Eigentlich hatten wir uns gerade ganz gut zurechtgefunden in unserem neuen Leben als Paar mit zwei Kindern. Die Jungs waren inzwischen groß genug, dass man einigermaßen vernünftig mit ihnen reden konnte, und wir konnten wieder verstärkt eigenen Interessen nachgehen. Natürlich fragt man sich da: »Und jetzt wieder den ganzen Zirkus von vorne? Anstrengende Schwangerschaft? Geburt? Durchwachte Nächte? Geschrei?« Ermutigt durch verschiedene Freunde mit drei

Kindern, die ausnahmslos bestätigt haben, dass vieles leichter sei als vorher, haben wir uns gesagt: »Jetzt oder nie! Wenn wir es nicht machen, ärgern wir uns vielleicht später.«

Zumindest Quinn fand die Idee mit dem Nachwuchs erst mal nicht so toll. Als wir eines Nachmittags feierlich erklärten, dass in Mamas Bauch wieder ein Baby ist, schrie er: »Neeeeeein! Ich will hier keine Leute mehr haben!«

Das Statistische Bundesamt brachte Ende 2013 eine große Studie zu Familienfragen heraus. Deutsche Frauen bekommen durchschnittlich zwei Kinder. (Ein Drittel bekommt eins, die Hälfte zwei, die übrigen circa 20 Prozent mehr.) Allerdings werden viele Frauen nie Mütter, besonders in den Städten. In Hamburg ist jede Dritte kinderlos. Wir gehören mit drei Kindern zu einer Minderheit. Und das in einem Land, das ständig über den Methusalem-Komplex und den Geburtenrückgang klagt.

Während der dritten Schwangerschaft dachten wir in Situationen, wenn das Chaos in unserer Wohnung tobte: »Und dazu jetzt noch ein Säugling? War das eine gute Idee?« Dabei haben wir einen Denkfehler gemacht. Wir haben das Baby einfach zu zwei Rabauken dazuaddiert. Wir sahen eine entnervte Julia stillend in der Ecke sitzen, während sich Leo und Quinn die Köpfe einschlagen und Thomas ausrastet.

Diese Rechnung ist zum Glück nicht aufgegangen. Auch wenn es solche Momente durchaus gibt, sind sie doch nicht die Regel.

Als Maja auf die Welt kam, wurden die Karten nämlich ganz neu gemischt. Es gibt Momente, in denen einer der wilden Jungs ins Zimmer hereintobt und sich plötzlich ganz still neben die Kleine auf den Fußboden legt, um zu kuscheln oder mit ihr zu spielen. Leo kann sie schon gut im Arm halten und tragen, selbst am Wickeln hat er sich schon versucht. Quinn zieht am liebsten lustige Grimassen für seine Schwester. Maja ist kein Schreikind geworden, offensichtlich hat sie schnell gespürt, dass alle für sie wichtigen Menschen um sie sind, aber nicht immer sofort kommen können, wenn sie weint. Sie ist ein waches, aber erstaunlich ruhiges Baby.

Das ist unsere Rettung, denn in einer Familie mit einigen Chaoten wäre alles andere undenkbar. Wenn der Streit um Spielzeug tobt, auf Tische getrommelt wird und das Abendessen nur mühsam zusammengehalten werden kann, liegt die Kleine stoisch da, zupft an ihrer Kuscheldecke und lächelt. Wenn Quinn einen Witz erzählt, in dem es hauptsächlich um Klogespräche geht, dann lacht sie, die Worte wie »Pipi« noch gar nicht versteht, einfach mit.

Einen Gutteil der Konflikte, die jetzt im Alltag auftreten, haben wir schon während der Schwangerschaft bearbeitet. Ungezählte Male haben wir da ins Tohuwabohu hineingebrüllt: »Wenn das Baby da ist, dann geht so was hier gar nicht mehr!« Schon Monate vor der Geburt haben wir angefangen, klarere Abmachungen einzuführen. Zum Beispiel eine feste Bettruhe. Was die Kinder abends nach acht noch in den Betten machen, lesen, reden, malen, ist uns egal. Hauptsache, sie kommen nicht mehr auf den Flur hinausgelaufen oder rufen alle naslang nach uns. Wir Eltern brauchen am Abend eine Ziellinie, von der wir wissen: Das ist unser Feierabend. Keine Kinder, bitte!

Wir haben angefangen, unsere Energien sinnvoll zu investieren. Seit wir zu fünft sind, haben wir zwei wunderbare

Eigenschaften erworben. Die Fähigkeit, klare Ansagen zu machen. Und die Fähigkeit, loszulassen und weniger zu regeln.

Unser Dreikind-Chaos besitzt nämlich die Eigenschaft, sich durchaus selbst zu regulieren. Wenn man es lässt. Anders geht es auch gar nicht. Kein Mensch kann bei so vielen Leuten allen hinterherlaufen und kluge Erziehungssprüche klopfen. Das kapieren auch die Jungs. Wenn Leo urplötzlich auf die Idee kommt, als Einziger zu einem Familienausflug das Fahrrad mitzunehmen, dann sagen wir: »Wir sind fünf Leute mit einem gemeinsamen Plan. Wir haben den Kinderwagen dabei, und wir nehmen die Straßenbahn. Du kannst jetzt nicht einfach die Runde sprengen, das klappt dann nämlich alles nicht.«

Ja, in gewisser Weise sind wir über die Feststellung »Puh, ist das mit Kindern alles anstrengend!« inzwischen hinausgewachsen. Wir haben Spaß daran gewonnen, uns Dinge zu überlegen, die allen Freude machen, und wenn es nicht klappt, etwas Neues zu erfinden.

Bei alldem haben starre Erziehungssprüche wie »Das hätte es bei uns früher nicht gegeben« über »Das gehört sich nicht« bis »Seid schön brav« natürlich gar nichts geholfen. Das Chaos zwingt uns dazu, zu sagen, was genau wir wirklich meinen. Und das müssen wir erst einmal herausfinden.

Wenn heute irgendeine Unsicherheit auftaucht, wie wir erziehen sollen, dann fragen wir uns oft zuerst: Wie habe ich das als Kind gemacht? Oder: Wie haben das meine Eltern mit mir gemacht? Unsere eigene Kindheit bleibt das Bezugssystem, auf dessen Basis wir etwas Eigenes entwickeln.

Neue Dinge zu probieren ist ziemlich anstrengend, so sehr

hängt man in seinen Vorstellungen fest, wie es sein müsse. Das geht bis zum Kindergeburtstag, den wir auf Anraten einer Freundin irgendwann einmal schon um 11 Uhr vormittags beginnen lassen. Diese Idee fanden wir zunächst total abwegig, denn in unserer Vorstellung gab es immer dieses Von-drei-bis-sechs-Mantra.

Dann stellten wir fest, dass ein früher Beginn viel besser funktioniert: Das Geburtstagskind wird nicht ungeduldig, und hinterher haben alle noch einen halben Tag Ruhe, um runterzukühlen.

Viele Leute wirken wie viel Aufwand. Aber viele Kinder bedeuten auch viele lustige Erlebnisse. Auch solche, die nur für die Erwachsenen verständlich sind. Nachdem der Ikea-Bausatz schon einige Tage am Boden herumsteht, weil das Möbelunternehmen immer wieder das falsche Ersatzteil liefert, kommt irgendwann endlich der Tag der Tat. Ein fröhlich gerufenes: »Kinder! Wollt ihr das totale Hochbett?« Und aus mehreren Kehlen klingt dann das begeisterte »Jaaaa!« schon recht imposant dazu. Geschmackloser Gag? Merkt aber doch keiner, es bleibt ja, um mal einen anderen abgedroschenen Spruch zu zitieren, in der Familie.

Spätestens beim dritten Kind haben wir gemerkt, dass ein starres Erziehungsregime nicht funktioniert, dass wir flexibel bleiben müssen. Eine Frau im Alter unserer Mütter sagte einmal, als unsere Jungs fluchend durch die Gegend rannten: »Ja klar, ich habe ja auch drei Söhne, ich kenne das, das ist halt so.«

Überzogene Vorstellungen davon, wie die Kinder sein sollen, haben wir längst über Bord geworfen. Darüber lachen wir inzwischen herzhaft. Und wir haben das große Glück, dass

Leo und Quinn in Schule und Kita verständnisvolle, kluge und humorvolle Pädagogen haben, denen es nicht zu anstrengend ist, mit ihnen umzugehen, sondern die die Jungs so lieben, wie sie sind, und ihre Stärken erkennen.

Als uns die Eltern meines Schwagers, beide Ende sechzig, kürzlich besuchten und wir ihnen erzählten, dass sich ab und zu jemand aufregt, wenn die Kleinen draußen spielen, riefen sie ganz empört: »Ja, dann sollen sie ins Altersheim ziehen, wenn sie das nicht aushalten!« Sie sind Profis. Sie haben selbst drei Kinder bekommen und inzwischen sieben Enkel, an deren Leben sie regen Anteil nehmen.

Leute, die uns sagen: »Das müsste dein Kind jetzt aber mal so und so machen!«, wollen sich meist nicht auf die Ebene der Kinder begeben. Das meinen wir ganz bildhaft: Man muss sich auch mal mit auf den Teppichboden setzen und die Welt aus der Perspektive der Kleinen sehen. Oder auch mit 65 Jahren noch dem Enkel hinterherspurten, weil der auf dem Laufrad Gas gibt. Ein gewisses Maß an Empathie und Selbstzufriedenheit ist schon nötig, um Kindern gegenüber aufgeschlossen zu sein.

Also los! Keine Zeit verlieren! Vergessen wir die alten Sprüche und denken uns was Eigenes aus. Die Kleinen werden viel zu schnell groß, und wir wollen ja auch noch ein bisschen was zusammen erleben.

Wir danken

Monika Maruschka. Jumana Mattukat. Ulrike Sterblich und Vredeber Albrecht. Holm Friebe. Suse und Michael von *femilyaffair.de.* Jana Petersen. Lisa Harmann und Caroline Rosales von *Stadt-Land-Mama.de.* Nils Pickert alias »Skirt Dad«. Martin Klein und Alexa Koch. Thilo Mischke. Anna-Pia Nedelmann, Caspar Fischer, Jirka Schaar. Anja und Christian Gaca. Unseren Eltern.

Thomas Hölzl. Boris Heczko. Kathrin Liedtke.

Weitere Informationen:
www.heilmannlindemann.de